Gesundheitsküche

Gesundheitsküche

von

Max Inzinger

Herausgegeben
von
Dr. Hans Hermann von Wimpffen

TR-Verlagsunion

Das Buch entstand im Zusammenhang mit der Fernsehsendereihe
„Die Sprechstunde – Club Vital des Bayerischen Rundfunks"

CIP-Titelaufnahme der Deutschen Bibliothek

Inzinger, Max:
Gesundheitsküche von Max Inzinger.
Hrsg. von Hans Hermann von Wimpffen.
[Das Buch entstand im Zusammenhang mit d. Fernsehsendereihe
„Die Sprechstunde – Club Vital des Bayerischen Rundfunks"]. –
München : TR-Verlagsunion, 1989
ISBN 3-8058-2210-3

Fotos: TLC-Studio Luis Bisschops, Bocholt
Umschlaggestaltung: Jürgen Löber, Wiesbaden
Gesamtherstellung: Seitz Druck GmbH München
ISBN 3-8058-2210-3 •

Inhalt

Vorwort des Herausgebers

Anfang 1988 traf ich mich mit einem Filmproduzenten. Wir wollten den Inhalt eines geplanten Fernsehspots besprechen.

Der Anlaß: Wir hatten im Rahmen unserer erfolgreichen Fernsehreihe „Die Sprechstunde" einige Sendungen ausgestrahlt, die bei den Zuschauern besonders gut angekommen waren.

Das Neue an diesen Sendungen war, daß nicht die Krankheiten, sondern die Gesundheit, die Vitalität des Menschen, die positive Einstellung zum Leben im Mittelpunkt standen. Und dieser Gedanke kam bereits im Titel der einzelnen Folgen zum Ausdruck:

- „Essen mit Maß"
- „Genuß mit Verstand"
- „Bewegung macht Spaß"
- „Vitamine und Vitalstoffe"
- „Lebensqualität"
- „Lebensbejahung"
- „Gesunde Lebensführung"
- „Du bist, was du ißt"

Im Gespräch mit dem Filmproduzenten wollten wir nun festlegen, welche Bilder diese Begriffe veranschaulichen könnten, welche Möglichkeiten es gab, einen kurzen, prägnanten „Werbespot" inhaltlich zu gestalten.

Noch hatte keiner von uns konkrete Vorstellungen und dementsprechend kurz war auch unser Gespräch. Der Produzent versprach, in spätestens zwei Wochen ein Filmkonzept vorzulegen. Mit einem fröhlichen „no problem" verabschiedete er sich. Nach zwei Wochen saßen wir an einem herrlichen Morgen auf der Sonnenterrasse eines Münchner Cafés zusammen, um das Treatment, den groben Handlungsablauf des geplanten Filmes zu besprechen.

Doch trotz des guten Frühstücks, der strahlenden Sonne und der frischen Frühlingsluft wollte keine rechte Stimmung aufkommen – das Vorhaben des Produzenten brachte ungeahnte Schwierigkeiten zutage. „Frau in Wechseljahren fährt im lichtdurchfluteten Wald auf dem Rad", „60jährige spielt offensiv Tennis gegen jungen Tennislehrer", „70jährige spielt Golf", „80jähriger joggt und überholt zwei dickliche junge Männer" – das waren seine wichtigsten Bildvorschläge. Dazu beschwingte Musik, schöne Bilder aus der Natur, ein schwungvoller Text – und fertig ist der Film über die Vitalität.

Etwas ratlos sah ich meinen Gesprächspartner an: „Ist das denn alles", fragte ich ihn, „was Ihnen an Bildern, an Assoziationen zum Thema Vitalität einfällt?" Vitalität bedeutet ja Lebendigkeit, Lebenskraft, Lebenswille, und sie ist nicht an ein bestimmtes Alter gebunden. Weshalb aber fallen uns dann bei diesem Wort immer nur Rentner im „Unruhe-Stand" oder junggebliebene Mittfünfzigerinnen ein?

Wie ist es mit den Berufstätigen, die in harter Arbeit ihren Lebensunterhalt verdienen müssen? Arbeiter in der Lackiererei einer Autofabrik, Taxifahrer, die bis zu zehn Stunden am Tag am immer aggressiver werdenden Stadtverkehr teilnehmen müssen, Arbeiterinnen, die in einer chemischen Fabrik mit gefährlichen und hochgiftigen Stoffen umgehen müssen, Fließbandarbeiter, die acht Stunden lang – nur von kurzen Pausen unterbrochen – eine eintönige Arbeit verrichten, Manager, die von einem Termin zum anderen jagen. Wie ist es mit Kindern, mit Jugendlichen, die erst am Anfang ihres Lebens stehen, mit Arbeitslosen, die versuchen, wieder den Anschluß zu finden – brauchen sie alle keine Vitalität?

Und woher die Kraft nehmen, wenn man ein Leben lang an den Rollstuhl gefesselt ist, wenn man zwar gesund, aber körperlich behindert ist, wenn man den Kampf gegen eine Sucht führen muß?

Die „Vorurteile“ unseres Filmproduzenten waren für uns ein Beweis dafür, wie gut wir daran getan hatten, bei der Konzeption unserer Fernsehsendungen eine andere Frage ganz neu zu beantworten:
Auf welche Weise kann ein Massenmedium wie das Fernsehen effektiv Lebenshilfe leisten und dies bei Menschen, deren Wohlbefinden trotz körperlicher und geistiger Gesundheit irgendwie gestört oder zumindest gefährdet ist, denen es einfach an der entsprechenden Vitalität fehlt? Wie läßt sich dieses Maß an Vitalität vermitteln, das man dazu braucht, um seine Gesundheit zu erhalten und schwierige Situationen zu meistern? Denn auch bei einem Gesunden kann mangelnde „Lebenskraft“ zu Depressionen, Ratlosigkeit, Lebensangst, wenn nicht sogar zu Krankheiten führen.

Über 18 Jahre Erfahrung der Sendereihe „Die Sprechstunde“, in deren Mittelpunkt bestimmte Krankheitsbilder und der Gedanke der Vorsorge stehen, konnten genutzt werden.

Aber diese Erfahrungen besagten auch, daß die Erfolge bei der Popularisierung der Vorsorge, insbesondere der Krebsfrüherkennung bei Frauen und Männern, trotz des starken Einflusses des Fernsehens sehr gering waren. Der Tod von Mildred Scheel, Begründerin der Deutschen Krebshilfe und selbst Ärztin, ließ viele Menschen an der Wirksamkeit der Vorsorgeuntersuchungen zweifeln. Haben wir uns möglicherweise allzu sehr auf die Gefahren für die Gesundheit anstatt auf die Gesundheit selbst konzentriert und dadurch ein Lebensgefühl erzeugt, das durch Zukunftsangst bestimmt wird? Jede Hautveränderung, jeder Magenschmerz, jedes Kopfweh ein Vorbote des lebensbedrohenden Krebses?

Der Versuch, neue Wege zu gehen, hieß „Club Vital“. Eine Fernsehsendung mit Ratschlägen für die Gesundheit gesunder Menschen. Das klingt auf den ersten Blick ungewöhnlich, aber ist es nicht ebenso ungewöhnlich, wenn eine große Krankenkasse darüber nachdenkt, ob es nicht besser sei, „Gesundheitskasse“ zu heißen? Solche Überlegungen berechtigen zu der Frage, ob vielleicht in der Vergangenheit nicht zuviel über Krankheiten und zuwenig über Gesundheit, über die Vitalität und deren lebenserhaltende Funktion im täglichen Daseinskampf gesprochen wurde.

Die hohen Einschaltquoten und die Masse der Zuschauerbriefe scheinen diese Annahme zu bestätigen: Das in der ersten Sendung angebotene Poster, ein farbenfroh gestaltetes Plakat mit Diätvorschlägen, wurde über 40.000mal angefordert; ein einsamer Rekord für Begleitmaterial.

Nach weiteren Sendungen war abzusehen, daß eine kleine Fernsehredaktion die Flut der Anforderungen nicht bewältigen kann; aus diesem Grund wurde beschlossen, keine Poster mehr zu versenden, sondern ein Begleitbuch herauszubringen.

Autor und Herausgeber danken der TR-Verlagsunion und deren Geschäftsführer, Herrn Andreas Keiser, für den schnellen Entschluß, in nur wenigen Wochen ein attraktiv ausgestattetes Buch auf den Markt zu bringen.

Es enthält das ganze Programm 1989/1990 der „Club Vital“-Sendungen im Rahmen der „Sprechstunde“.

Die Zukunft wird zeigen, ob die Entscheidung des Verlegers, das Buch in einer ungewöhnlich hohen Auflage und damit zu einem günstigen Preis herauszubringen, richtig war – zu hoffen wäre es im Interesse der Gesundheit vieler Menschen.

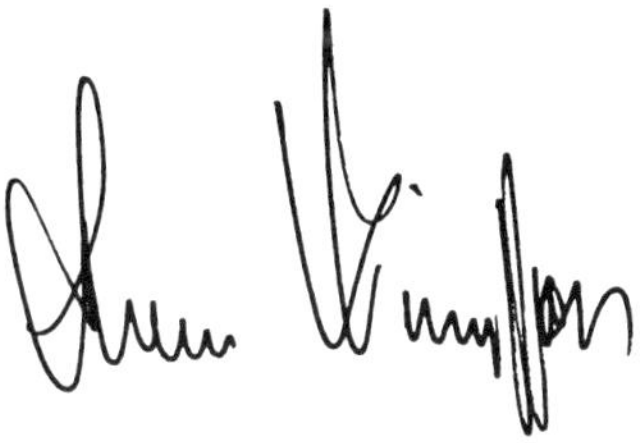

(Dr. Hans Hermann von Wimpffen)

Gesundheit und Genuß

Gesunde Ernährung aus einer Gesundheitsküche ist eines der wichtigsten Themen unserer Zeit. Viel zu wichtig, als daß man sie ausschließlich den Medizinern überlassen sollte. Man muß die Verantwortung für die eigene Gesundheit selbst übernehmen, aktive Gesundheitsvorsorge betreiben. Der entscheidende Schritt ist eine Ernährungsumstellung nach dem Prinzip „Gesundheit und Genuß".

Das Thema „gesunde Kost", also vollwertige Kost, wird heiß diskutiert, weil es zu viele widersprüchliche Meinungen gibt. Begriffe wie alternativ, ökologisch, biologisch und viele mehr sind heutzutage in aller Munde.

Die meisten dieser Begriffe haben mehr mit Weltanschauung zu tun als mit zeitgemäßer, vernünftiger Ernährung.

Eine Ausnahme: Die Vollwerternährung. Sie ist keine modische Diätform, sondern eine langfristige Ernährungsweise, die zwar in erster Linie auf Erfahrungswissen beruht, sich aber gleichzeitig auch auf gesicherte, wissenschaftliche Erkenntnisse stützt.

Die Gesundheitsküche baut auf der Vollwerternährung auf. Sie hat bestimmte Spielregeln, einfach und dennoch so wirksam, daß sie unser ganzes Leben positiv in Richtung Gesundheit, Wohlbefinden, Erfolg und Lebensqualität verändern kann.

1. Unsere Nahrungsmittel sollen möglichst unbearbeitet, d.h. im Naturzustand und vor allem frisch in den Topf oder auf den Tisch des Hauses kommen. Eine Forderung, die auch die meisten Feinschmecker an ein gutes Essen stellen.

   Der Grund: Bei den meisten Verarbeitungen gehen Nährstoffe und häufig auch Aromastoffe verloren. Bei der Verarbeitung verwendete Zusatzstoffe fördern zwar die Haltbarkeit und das „gute Aussehen" vieler Lebensmittel. Qualität und Wertigkeit werden dadurch allerdings kaum verbessert. Den Vorteil haben also meist nicht die Verbraucher, sondern in erster Linie Händler und Hersteller.

   Wer ab und zu außer Haus auf solche Produkte zurückgreifen muß, sollte „am eigenen Herd" erst recht vollwertig essen.

2. Ihr Speiseplan sollte mehr „lebendige Kost" enthalten. „Lebendig" – das heißt täglich mindestens eine Portion frisches, also ungegartes Obst oder Gemüse.

   Gemeint ist, daß Sie Gemüse auch als Salat und umgekehrt, Obst nicht nur als Saft oder Kompott, sondern frisch, „roh aus der Hand" verzehren sollten.

   In pflanzlichen Lebensmitteln sind außer den bekannten Nährstoffen – Kohlenhydrate, Fett, Eiweiß, Vitamine und Mineralstoffe – eine Vielzahl anderer wichtiger Stoffe enthalten, wie zum Beispiel die Farb- und Bitterstoffe.

   Während die Naturheilkunde die „Vorzüge" dieser Stoffe bereits vor Jahren erkannte, werden sie von der traditionellen Ernährungswissenschaft bisher kaum berücksichtigt.

   Dabei haben Farb- und Bitterstoffe eine nachweislich günstige, vermutlich sogar vor Krankheiten schützende Wirkung. Sie regen zum Beispiel die Bildung von Verdauungsenzymen und Hormonen an, fördern die Wundheilung und stärken ganz allgemein die Abwehrkräfte. Bei frischen, ungekochten Nahrungsmitteln ist am ehesten gewährleistet, daß solche Wirkstoffe noch enthalten sind.

3. Vollwert ist Mehrwert. Vollwertprodukte in ihrem Naturzustand enthalten nicht nur Vitamine, Mineralstoffe und Enzyme, sondern vor allem auch Ballaststoffe – lebensnotwendige Bestandteile einer gesunden Ernährung.

   Wichtige Vollwertprodukte sind Vollkornbrote in jeder Form, Naturreis, Vollkornnudeln, ferner Roggen und Weizen aber auch fast vergessene Getreidesorten wie Hirse, Buchweizen, Hafer, Gerste, Dinkel oder Grünkern. Ebenso wie Obst und Gemüse sollten Sie auch Getreide häufiger frisch geschrotet und eingeweicht roh, also in Form eines Müslis, zu sich nehmen. Denn im vollen Getreidekorn sind neben vielen anderen zwei Komponenten besonders reichlich enthalten, die in der normalen Ernährung oft fehlen: die erwähnten Ballaststoffe und die Vitamine der B-Gruppe.

   Alle Vollwertlebensmittel haben zudem einen enormen Vorteil: sie werden gründlich gekaut und somit langsam gegessen. Und sie sättigen lange, beugen Hungergefühlen vor und wirken damit regelnd auf den Appetit.

4. Fleisch und alle Fleischprodukte (also auch die Wurst) sollten nicht mehr Hauptbestandteil unserer Ernährung sein, sondern, wie früher, die Rolle einer Nahrungsergänzung oder einer kleinen Beilage spielen, nach dem Prinzip: Nicht großes Steak und kleiner Salat, sondern kleines Steak und großer Salat.

   Fleisch ist für eine gesunde Ernährung nicht ausschließlich wichtig. Es enthält keine Ballaststoffe, dafür aber oft Fett in erheblichen Mengen, das dann meistens für einen überhöhten Cholesterinspiegel verantwortlich zeichnet.

   Der Eiweißbedarf läßt sich ohnehin besser durch pflanzliche Lebensmittel in Kombination mit Milchprodukten und Eiern decken.

5. Der Verzicht auf isolierten, raffinierten Industriezucker ist sicher die schwierigste Veränderung der Eßgewohnheiten. Gehen Sie die Sache langsam an: Seien Sie zunächst sparsam im Umgang mit Zucker und Süßigkeiten, versuchen Sie dann, tageweise ohne „Süßes“ auszukommen, bis Sie schließlich ganz darauf verzichten können, was bei diesem langsamen Abbau der „Süßegier“ gut möglich ist.

   Für „unverbesserliche Süße“ bietet die Natur Ersatz: Birnen- oder Apfeldicksaft, Blüten- und Bienenhonig, Hefesüßflocken und bedingt Süßstoff, Zuckeraustauschstoffe, Fruchtzukker oder Farinzucker, wenn's beim Backen zum Beispiel nicht anders geht.

6. Man muß mit Köpfchen kochen. Wer zum Beispiel beim Binden von Suppen, Saucen, Creme- und Süßspeisen auf Fett-Mehlschwitzen, Einbrennen, Stärkemehl oder andere künstliche Bindehilfen verzichtet, der spart erheblich an Kalorien sowie an belastenden Begleitstoffen wie Natrium, Fett, Stärke und Purin.

   Sämigkeit, Konsistenz oder Dicke erreicht man genau so gut mit einem pflanzlichen Diät-Bindemittel, das es in Apotheken, Reformhäusern und im Lebensmittelhandel gibt. Die Vorteile: Pflanzliche Diät-Bindemittel enthalten kaum Kalorien, sie bestehen aus reinem pflanzlichen Eiweiß und besitzen trotzdem eine volle Bindefähigkeit.

7. „Garfreundlichkeit“ ist angesagt. Wenn wir Gemüse garen, dann tun wir dies fettlos bzw. fettarm oder wasserarm und tropfnaß. Es gibt heute eine Vielfalt von Gargeschirr und Küchenherden, die dies ermöglichen. Wer das Bratfett reduziert, spart Kalorien und Cholesterin. Wer tropfnaß und wasserarm gart, verhindert, daß Vitamine im Kochwasser zurückbleiben und sich die natürlichen Farben des Gemüses verändern. Mehr Aroma als die Natur selbst kann niemand bieten.

8. Auf natriumhaltiges Kochsalz sollten Sie weitgehend verzichten, da es genug Alternativen gibt. Besonders natriumhaltige Normalprodukte wie zum Beispiel Würzmittel, Senf, Ketchup, Instantsaucen, Instantsuppen oder Wurst werden mittlerweile im Lebensmittelhandel und in den Reformhäusern ausdrücklich natriumreduziert, in den meisten Fällen sogar natriumarm angeboten. Gerade bei solchen Produkten, die

wir täglich beim Kochen verwenden, kann erheblich Natrium eingespart werden.

Soweit wir überhaupt Salz zu den Speisen geben, verwenden wir Jodsalz, weil ein Großteil unserer Bevölkerung ohnehin unter einem „klassischen" Jodmangel leidet.

Folgen wir also der Ernährungswissenschaft: 5 g Salz täglich sind kein Problem für unsere Gesundheit. Mit 5 g Jodsalz decken wir den täglichen Jodbedarf. Warum also nicht?

9. In der Gesundheitsküche muß man vielen Vorurteilen begegnen. Wenn Sie Ihrer Familie von vornherein sagen, daß Sie mehr Sojafleisch kochen, dann werden Ihre „Lieben" bestimmt die Nase rümpfen. Sagen Sie nichts und tun Sie es einfach. Sie werden sehen: Hat es erst einmal geschmeckt, dann hat man auch nichts mehr gegen Soja. In vielen Live-Tests unserer Fernsehsendereihe wurde dies immer wieder eindrucksvoll von prominenten Test-Essern bestätigt.

10. Essen, Trinken und Genießen sind die drei schönsten Dinge des Lebens, was immer man unter letzterem versteht. Damit Sie dies bis ins hohe Alter frohen Herzens – weil gesund – tun können, sollten Sie einige Rezepte aus diesem Buch in Ihren täglichen Speiseplan aufnehmen. Natürlich nur das, was Ihnen schmeckt, was Sie persönlich mögen. Und da sind wir ganz sicher – die Fernsehzuschauer bestätigen das immer wieder – in unserer Gesundheitsküche ist für jeden Geschmack etwas dabei.

Viel Spaß beim Lesen und allzeit gutes Gelingen, egal, ob Sie ein paar überflüssige Pfunde Gewicht verlieren oder eines von vielen gesunden Rezepten probieren wollen.

Herzlichst Ihr

Max Inzinger

(Max Inzinger)

Die 5-Tage-Blitzdiät mit Früchten

Vorbemerkungen

Für die 5-Tage-Blitzdiät brauchen Sie eine Art „Gebrauchsanweisung“, denn sie ist immer auf eine Frucht ausgerichtet, aber insgesamt als Baukastensystem zu sehen.

Der Vorteil dieses Baukastensystems besteht darin, daß Ihnen dieses Buch die einmalige Möglichkeit bietet, Ihre persönliche Lieblingsdiät zusammenzustellen. Und das funktioniert so:

1. Jeder Diät-Tag ist in die folgenden Rubriken aufgeteilt:
   - Frühstück
   - 1. Zwischenmahlzeit
   - Mini-Mittag
   - 2. Zwischenmahlzeit
   - Abendessen
   - Betthupferl

   Die Kalorienwerte jeder Rubrik sind fast immer gleich. Das bedeutet, daß Sie aus den verschiedenen Diät-Programmen jeweils die Mahlzeiten übernehmen können, die Ihnen persönlich am besten schmecken. Vorausgesetzt, Sie bleiben in der jeweiligen Rubrik. Ein Austausch außerhalb der jeweiligen Mahlzeit-Rubrik würde eine größere Veränderung der Kalorienwerte bedeuten und Ihr Ziel, Gewicht zu verlieren, in Frage stellen.

   Noch einmal vereinfacht ausgedrückt heißt das:
   Sie können Frühstücksvorschläge der Ananas-Diät mit Frühstücksvorschlägen der Kiwi-Diät vertauschen. Nicht austauschen können Sie dagegen das Mittagessen der Ananas-Diät mit dem Abendessen der Kiwi-Diät. Wohl austauschen können Sie aber wiederum das Mittagessen der Ananas-Diät mit dem der Kiwi-Diät.

   Also, immer schön in den einzelnen Mahlzeitrubriken bleiben. Aber, wie Sie sehr schnell erkennen können, Sie haben jede Menge Variationsmöglichkeiten.

2. Wir haben versucht, soviel Abwechslung wie möglich und soviel Einheit wie notwendig in die täglichen „Magenfahrpläne“ hineinzubringen. Es jedem recht zu machen, ist schwer. Trotzdem hoffen wir, daß auch für Sie das Richtige dabei ist.

3. Die einzelnen Rezepte, die eine breite Vielfalt bieten, sind in ihrer geschmacklichen Zusammensetzung auf einen breiten Geschmack ausgerichtet. Das soll aber nicht heißen, daß sie jetzt nicht verändert werden dürften.

   Schmecken Sie jedes Gericht nach ihrem persönlichen Geschmack ab, denn Gewürze haben in der Regel keine Kalorien. Auch der Austausch oder das Weglassen der einen oder anderen Zutat ist möglich, vorausgesetzt, man behält die Kalorien im Auge.

4. Zu mehreren geht jede Gewichtsreduktion besser. Wenn sich Ihre „bessere Hälfte“ der Diät anschließt, dann verdoppeln Sie einfach die Zutaten und achten beim Abschmecken auf dadurch entstehende geschmackliche Abweichungen, die Sie durch Ihre „Würzkunst“ wieder ausgleichen können.

5. Bei der Zusammenstellung unserer 5-Tage-Blitzdiäten werden natürlich nicht alle in den „Magenfahrplänen“ angegebenen Zutaten verbraucht, was in der Kürze der Zeit gar nicht möglich ist. Deswegen muß man die übrigbleibenden Produkte und Lebensmittel nicht wegwerfen, sondern plant sie in der Folge weiter ein, weil durch kalorienarme Lebensmittel das erreichte Gewicht besser gehalten werden kann.

6. Wenn von „dünnem" Margarineaufstrich die Rede ist, dann sind in erster Linie hochwertige Pflanzenmargarinen gemeint, die einen über 50% liegenden Anteil an mehrfach ungesättigten Fettsäuren haben und deren Basis kaltgepreßte Pflanzenöle sind. Achten Sie beim Einkauf unbedingt auf diese beiden Qualitätskriterien.

7. Wenn wir bei einzelnen Früchten keine Portionierung oder keine ausdrücklichen Mengenangaben gemacht haben, dann sollten Sie immer von einem Fruchtgewicht von 250 g ausgehen. Bitte lagern Sie alle eingekauften Früchte nach dem Einkauf kühl, damit keine Vitaminverluste entstehen.

   Auch Berufstätige, die ihre Mahlzeiten am Arbeitsplatz einnehmen, können bei unserer 5-Tage-Blitzdiät mitmachen. Wir sind deswegen bei den Tagesmahlzeiten zum Teil bewußt auf Fertigprodukte ausgewichen und haben das Kochen auf das Abendessen beschränkt. Sie nehmen im Rahmen der täglichen Speisepläne in jedem Fall ausreichend Vitamine, Mineralien und Ballaststoffe zu sich. Unser Diät-Programm ist also ohne Risiko für die Gesundheit.

8. Finden Sie in den Speiseplänen verschiedene Mengenbezeichnungen, dann sollten Sie nach folgenden Kriterien bewerten:

1 TL Honig oder Konfitüren	= 12 g
1 EL Mayonnaise oder Joghurt	= 30 g
1 Glas Sekt	= 0,1 l
1 Schnapsglas	= 2 cl
1 Becher Joghurt	= 175 g
1 Schale Quark	= 250 g
1 Tasse	= 1 kleine Kaffeetasse
1 Scheibe Wurst	= 20 g
1 Scheibe Schinken	= 30 g
1 Scheibe Gebratenes	= 40 g

   Vollkornbrot und Knäckebrot sind als Schnittbrot bereits abgewogen und müssen nicht noch zusätzlich abgewogen werden.

9. Wiegen Sie sich täglich im Adams- oder Evakostüm, am besten immer nach der Morgentoilette, und schreiben Sie Ihr Gewicht auf. Keine falsche Diätwut und schon gar kein Diätstreß, wenn es einmal keine Gewichtsabnahme geben sollte. Durchhalten und in Ruhe weitermachen. Allzu schnelles Abnehmen ist alles andere als gesund.

10. Sollten Sie zwischen den Mahlzeiten Hunger verspüren, dann empfiehlt es sich, fettfreie Hefe- oder Gemüsebrühe zu löffeln oder schwarzen Tee bzw. Kräutertee zu trinken, denn warme Getränke „lullen" den Magen buchstäblich ein, das Magenknurren verschwindet.

11. Während einer Gewichtsreduktion muß man besonders viel trinken, denn beim Verbrennen von Fett entsteht Schlacke, die nur mit Flüssigkeit aus dem Körper geschwemmt, d.h. transportiert werden kann. Zusätzlich zu der Flüssigkeit, die bereits in den Lebensmitteln enthalten ist, müssen Sie pro Tag mindestens 1,5 bis 2,0 l Flüssigkeit in Form von Mineralwasser, kalorienreduzierten Brunnenlimonaden und kalorienreduzierten Fruchtsaftgetränken zu sich nehmen. Auch ungesüßter schwarzer Tee oder die verschiedenen Kräutertees sind zu empfehlen.
    Vorsicht bei den sogenannten Light-Getränken: Überzeugen Sie sich vor dem Genuß vom genauen Kaloriengehalt! Denken Sie daran, daß es sich hierbei in jedem Fall um zusätzliche Kalorien handelt, die den Erfolg Ihrer Diät in Frage stellen. Verschieben Sie diese Genüsse also lieber auf die Zeit, in der es darum geht, das erreichte Ideal-Gewicht zu halten.

12. Zu guter Letzt: Gehen Sie Ihre Diät langsam an! Die erfolgreichste Gewichtsreduktion ist immer die langfristige. Man hat ja sein Übergewicht auch nicht in ein paar Tagen „angesammelt", sondern auch über einen längeren Zeitraum „angefuttert". Wer langsam abnimmt, läuft weniger Gefahr, rückfällig zu werden und ist eher in der Lage, sein erreichtes Gewicht zu halten, immer schlank und fit zu bleiben.
    Wenn Sie es dann geschafft haben, wenn Sie Ihr Wunschgewicht erreicht haben, dann machen Sie sich selbst eine Freude. Aber bitte nicht gleich wieder mit allzuvielen Kalorien!

Die 5-Tage-Blitzdiät: Ananasdiät

Abnehmen mit frischen, süßen, saftigen Ananas: Das funktioniert hervorragend, denn Ananas schwemmen aus, machen satt, schmecken gut und sind gesund.

- So enthalten 100 g Ananasfruchtfleisch ganze 56 Kalorien, dafür Vitamin A und Vitamin C, sowie die wertvollen Mineralstoffe Calcium und Eisen.
- Außerdem, und das ist das Tolle an frischen Ananas, das Verdauungsenzym Bromelin. Es sorgt dafür, daß das Eiweiß besser verstoffwechselt wird, was sich positiv auf die Verdauung auswirkt. Dieses wichtige Verdauungsenzym Bromelin ist nur in frischen Früchten enthalten.
- Unreife Früchte haben eine unangenehme, stechende Säure. Beim Einkauf erkennt man die Reife an der Schalenfarbe. Sie muß gelblich oder rötlichbraun sein, ohne grüne Flecken.
- Am intensiven Ananasgeschmack und durch den Drucktest kann man die Reife ebenfalls erkennen. Das Fruchtfleisch muß bei leichtem Druck nachgeben.
- Die Idealtemperatur für die Lagerung von frischen Ananas liegt bei 8° C, was der Kühlschranktemperatur im Gemüsefach entspricht. Jeder Temperaturgrad darüber beschleunigt den Verderb. Zu kühl darf es jedoch auch nicht sein, sonst verliert die Frucht zu viel Feuchtigkeit und sehr rasch ihre Frische.
- Bei der Zubereitung für den Verzehr gehen Sie so vor: Den Stielansatz abschneiden, die Frucht samt Blattkrone längs halbieren, vierteln und jeweils den weißlichen Strunk herausschneiden, dann mit einem großen, scharfen Messer das Fruchtfleisch ganz von der Schale lösen, jedoch darauf liegen lassen, quer in 1 cm dicke Scheiben schneiden und diese gegeneinander versetzen.
- Frische Ananas, die gleich groß sind, aber unterschiedlich im Gewicht, haben einen unterschiedlichen Saft- und Zuckergehalt: Die Früchte, die bei gleicher Größe schwerer sind, haben mehr Saft und mehr Süße.

1. TAG

Zum Frühstück

Wahlweise Kaffee oder Tee mit Süßstoff gesüßt
1 Scheibe Vollkornbrot mit dünnem Pflanzenmargarine-aufstrich
2 dünne Scheiben Fleischwurst
1 Tomate geviertelt und leicht gesalzen

1. Zwischenmahlzeit

¼ frische Ananas in Stücke geschnitten

2. Zwischenmahlzeit

1 Tomatensuppe
1 Scheibe Knäckebrot

3. Zwischenmahlzeit

1 Becher kalorienreduzierter Fruchtjoghurt

4. Zwischenmahlzeit

¼ frische Ananas in Stücke geschnitten

Ich wiege heute:

Hauptmahlzeit
Vollkornspaghetti mit Tomatensauce

40 g Vollkornspaghetti in leicht gesalzenem Wasser al dente kochen. 1 Knoblauchzehe schälen, in Scheiben schneiden, mit ½ TL Jodsalz zerreiben und mit 1 feingeschnittenen Zwiebel in wenig Margarine glasig dünsten. ½ Knolle Sellerie und 2 Karotten schälen, fein würfeln, mit 1 TL Provencekräutern zu den Zwiebeln geben. 1 kleine Dose geschälte Tomaten fein hacken, in den Topf geben und alles zu einer sämigen Tomatensauce einkochen lassen. Mit Süßstoff, Pfeffer aus der Mühle und etwas Muskatnuß abschmecken, dann über die Vollkornspaghetti geben.

Betthupferl

½ frische Ananas in Stücke geschnitten

Pro Tag zusätzlich mindestens 1,5 l deutsches Mineralwasser oder kalorienreduzierte Brunnenlimonade bzw. kalorienreduzierte Vitamingetränke trinken.

Gesamt Kcal:	1.055
Gesamt Kj:	4.420

2. TAG

Zum Frühstück

Wahlweise Kaffee oder Tee mit Süßstoff gesüßt
2 Scheiben Knäckebrot mit dünnem Pflanzenmargarine-aufstrich
2 Teelöffel Diätkonfitüre
4 Karotten fein geraspelt

1. Zwischenmahlzeit

¼ frische Ananas in Stücke geschnitten

2. Zwischenmahlzeit

1 Tasse Gemüse- oder Hefebrühe
1 Scheibe Volkornbrot

3. Zwischenmahlzeit

½ Schale kalorienreduzierter Früchtequark

4. Zwischenmahlzeit

¼ frische Ananas in Stücke geschnitten

Ich wiege heute:

Hauptmahlzeit
Schlank Schlemmer Pfanne

1 Zwiebel, 1 Paprikaschote, 1 Bund Radieschen putzen, waschen und in Streifen oder Scheiben schneiden. 1 Wiener Würstchen in Scheiben schneiden und in einer beschichteten Pfanne möglichst fettfrei braten. Das Gemüse dazugeben und kurz mitschwitzen. 100 g al dente vorgekochte Eiernudeln gut abtropfen lassen, dazugeben und mitbraten. Mit Salz, Pfeffer, Majoran und 1 Prise Thymian würzen. Mit einem viertel Liter heißer Gemüsebrühe auffüllen und zugedeckt bei mittlerer Hitze 5 Minuten köcheln lassen. Nochmals abschmecken, mit frisch geschnittenem Schnittlauch bestreut servieren.

Betthupferl

½ frische Ananas in Stücke geschnitten

Gesamt Kcal:	1.077
Gesamt Kj:	4.506

3. TAG

Zum Frühstück

Wahlweise Kaffee oder Tee mit Süßstoff gesüßt
2 Scheiben Knäckebrot mit dünnem Pflanzenmargarine-aufstrich
1 dünne Scheibe gekochten Schinken
1 weiches Ei
1 Sellerie-Knolle fein geraspelt

1. Zwischenmahlzeit

¼ frische Ananas in Stücke geschnitten

2. Zwischenmahlzeit

1 Tasse Champignonscremesuppe
1 Scheibe Vollkornbrot

3. Zwischenmahlzeit

1 Becher Götterspeise Waldmeistergeschmack (Fertigprodukt)

4. Zwischenmahlzeit

¼ frische Ananas in Stücke geschnitten

Ich wiege heute:

Hauptmahlzeit
Deftiger Nudelcocktail

80 g vorgekochte Eiernudeln in eine Schüssel geben. 1 geschälte Zwiebel mit 2 Essiggurken in Würfel schneiden, mit 1 enthäuteten, entkernten und in Würfel geschnittenen Tomate zu den Nudeln geben. 1 kleine Dose Erbsen und Karotten gut abtropfen lassen und ebenfalls dazugeben. 30 g gekochten Schinken in dünne Streifen schneiden, mit 100 g geputztem und in Streifen geschnittenem Chinakohlsalat zu den übrigen Zutaten geben und alles vorsichtig miteinander vermischen. 1 Becher Magerjoghurt mit 1 TL mittelscharfem Senf, 1 EL Tomatenketchup, 2 EL Obstessig glattrühren, mit Salz, Pfeffer, einigen Tropfen flüssigem Süßstoff, 1 Messerspitze Paprikapulver und 1 Messerspitze Curry abschmecken und den Salat damit anmachen. 3 EL Mixpickles in kleine Würfel schneiden, mit 1 EL Schnittlauch vermischen, den Salat damit bestreuen.

Betthupferl

½ frische Ananas in Stücke geschnitten

Nudeltip: Eiernudeln machen nicht nur glücklich, sondern auch schlank. Der Fettanteil ist extrem niedrig. Bemerkenswert ist der Gehalt an Vitamin A, an den B-Vitaminen und an lebenswichtigen Mineralstoffen.

Gesamt Kcal:	1.117
Gesamt Kj:	4.674

4. TAG

Zum Frühstück

Wahlweise Kaffee oder Tee mit Süßstoff gesüßt
1 Scheibe Vollkornbrot mit dünnem Pflanzenmargarine-aufstrich
2 dünne Scheiben fettarmen Schnittkäse
6 Scheiben frische Salatgurke

1. Zwischenmahlzeit

¼ frische Ananas in Stücke geschnitten

2. Zwischenmahlzeit

1 Tasse Hefe- oder Gemüsebrühe
1 Scheibe Knäckebrot

3. Zwischenmahlzeit

1 Becher kalorienreduzierten Fruchtjoghurt

4. Zwischenmahlzeit

¼ frische Ananas in Stücke geschnitten

Ich wiege heute:

Hauptmahlzeit
Schneller Nudelauflauf

50 g Rinderhack in einer beschichteten Pfanne anbraten. Eine mit etwas Salz zerriebene Knoblauchzehe und eine fein gehackte Zwiebel dazugeben, kurz mitschwitzen. ½ rote Paprikaschote und ½ grüne Paprikaschote in Streifen schneiden, zum Fleisch geben und glasig schwitzen. 150 g Blattspinat (Tiefkühlprodukt) auftauen lassen, zum Gemüse geben, mit 1 Tasse gebundener Bratensauce auffüllen und aufkochen lassen. Mit Pfeffer und ½ TL Thymian würzen. Die Gemüsemischung schichtweise mit 100 g vorgekochten deutschen Eiernudeln in eine Auflaufform geben. 30 g geriebenen Emmentaler darüberstreuen und mit roten und grünen Paprikawürfeln sowie frisch geschnittenem Schnittlauch bestreuen.

Betthupferl

½ frische Ananas in Stücke geschnitten

Nudeltip: Nehmen Sie die einzelnen Mahlzeiten Ihres täglichen Magenfahrplanes wenn möglich immer zur gleichen Zeit ein, damit der Körper sich daran gewöhnt

Gesamt Kcal:	1.017
Gesamt Kj:	4.255

5. TAG

Zum Frühstück

Wahlweise Kaffee oder Tee mit Süßstoff gesüßt
1 Scheibe Vollkornbrot mit dünnem Pflanzenmargarine-aufstrich
2 TL Bienenhonig
1 Apfel

1. Zwischenmahlzeit

¼ frische Ananas in Stücke geschnitten

2. Zwischenmahlzeit

1 Tasse Hefe- oder Gemüsebrühe
1 Scheibe Vollkornbrot

3. Zwischenmahlzeit

1 Becher Götterspeise Himbeergeschmack (Fertigprodukt)

4. Zwischenmahlzeit

¼ frische Ananas in Stücke geschnitten

Ich wiege heute:

Hauptmahlzeit
Diätgeschnetzeltes

80 g Rinderfilet in Streifen schneiden und in einer beschichteten Pfanne anbraten. Leicht salzen, pfeffern, herausnehmen und warmstellen. 1 fein gehackte Zwiebel in die Pfanne geben und glasig schwitzen, zu den Zwiebeln geben und kurz mitschwitzen. Mit einem Schuß Weißwein ablöschen, mit 1 Teller heller Sauce auffüllen. Mit weißem Pfeffer, einigen Tropfen Zitronensaft und flüssiger Speisewürze abschmecken, 5 Minuten köcheln lassen. ½ Kästchen Kresse verlesen, grob hacken, mit Fleisch in die Sauce geben, nochmals abschmecken, zusammen erhitzen. 100 g vorgekochte Eiernudeln anrichten und mit der Champignonssauce überziehen. Mit 2 EL in kleine Würfel geschnittenem roten und grünen Paprika bestreuen.

Betthupferl

½ frische Ananas in Stücke geschnitten

Nudeltip: Eiernudeln immer in viel Wasser kochen. Oft umrühren, damit sie nicht zusammenkleben. Sie erhalten einen kernigen Biß, wenn man etwas Speiseöl in das Kochwasser gibt. Nach dem Kochen auf einem Sieb heiß abspülen.

Gesamt Kcal:	1.080
Gesamt Kj:	4.519

Zuschauertips

Gerade für die vitaminarmen Wintermonate sind tiefgekühlte Küchenkräuter, wie Petersilie, Dill, Schnittlauch u.a. ausgesprochen wertvoll. Deswegen sollte man in den Sommermonaten die Blätter vorsichtig abschneiden und zupfen, waschen und in Gefrierbeutel füllen.
Sobald die Kräuter gefroren sind, kann man sie sehr leicht zerstoßen oder mit dem Nudelholz zerkleinern, ohne daß dabei – wie beim Schneiden – wertvoller Saft verloren geht. Dieses kann, je nach gewünschter Feinheit mehrmals wiederholt werden.
(Herr Dr. Helmuth Leyerer aus Weßling)

Ein sehr lästiges Übel beim Backen bzw. Kneten von Kuchenteigen ist das Kleben des Teiges an den Finger. Hier hilft weder Mehl noch Feuchtigkeit. Ein guter Tip ist, die Hände und auch die Arbeitsfläche vorher mit etwas Speiseöl einzureiben. So bleibt der Teig nicht an den Händen kleben und ist mühelos in die entsprechende Backform zu verteilen.
(Frau Marianne Finsterle aus Ulm)

Zum Leidwesen vieler Eltern essen Kinder oft ungern Gemüse. So gibt es folgenden Tip: Kochen Sie bunten Kartoffelbrei. Kartoffeln und Karotten pürieren, wie üblich mit Milch, Butter und Gewürzen zubereiten und mit dem Mixer anrühren. Das ergibt orangen Kartoffelbrei. Er wird grün mit Fenchel oder Spinat, rot mit Beete usw. Für alle Familienmitglieder nicht nur ein farbenfrohes Mittagessen, es ist auch vitaminreich.
(Frau Silvia Heinsch aus Neckarsulm)

Welche Hausfrau hat nach dem Einkauf von Eiern nicht folgendes Dilemma erlebt: Ein oder mehrere Eier sind geplatzt und kleben durch das Eiweiß an der Pappschachtel fest. Die Eierschachtel nicht wegwerfen, sondern direkt ins Wasser legen. Nach kurzer Zeit ist der Pappkarton aufgeweicht und die Eier sind problemlos zu entfernen.
(Frau Dorith Reusch aus Herborn)

Das besondere Rezept

Bunter Eiernudelsalat

Rezept für 4 Personen

Das braucht man:

Für den Salat
125 g Eiernudeln
1 Bund Frühlingszwiebeln
250 g frische Champignons
Saft 1/2 Zitrone
1 Kopf grünen Salat
1 kleine Ananas

Für das Dressing
2 Becher Magerjoghurt
Saft 1/2 Zitrone
2 EL Senf
4 EL Tomatenketchup
3–4 EL Obstessig
1 Prise Salz
Pfeffer aus der Mühle
1 Prise braunen Zucker

So macht man's:

1. Eiernudeln in einem leicht gesalzenen Wasser kochen.
2. Frühlingszwiebeln putzen, waschen und in dünne Scheiben schneiden.
3. Champignons putzen, waschen, in feine Scheiben schneiden und mit Zitronensaft beträufeln.
4. Kopfsalat verlesen, waschen, gut abtropfen lassen und in cm dicke Scheiben schneiden.
5. Ananas schälen, vierteln, den festen Innenteil entfernen und in kleine Stücke schneiden.
6. Alle Zutaten mit den Nudeln gut mischen.
7. Aus Joghurt, Zitronensaft, Senf, Tomatenketchup, Obstessig, Salz, Pfeffer und Zucker ein Dressing rühren.
8. Zum Schluß das Dressing über die Salatzutaten geben, durchmischen und in Cocktailgläsern servieren.

Das Mehrwertrezept

Vollwertnocken in pikanter Sauce

Rezept für 4 Personen

Das braucht man

500 g mehlig kochende Kartoffeln
150 g Weizenvollkornmehl
50 g feiner Roggenschrot
1 Ei
1 Eigelb
1 Prise Jodsalz
1 Prise weißer Pfeffer
1 Prise Muskatnuß
1 EL Butter
1/8 l Gemüse- oder Hefebrühe
1 EL sehr kalte Butter
2 Kästchen Gartenkresse
250 g frische Champignons

So macht man's

1. Die Kartoffeln waschen und mit wenig Wasser in der Schale sehr weich kochen.
2. Die Kartoffeln schälen und heiß durch die Kartoffelpresse drücken oder mit dem Mixer pürieren.
3. Die leicht abgekühlte Kartoffelmasse mit dem Weizenvollkornmehl, dem Roggenschrot, dem Ei, dem Eigelb sowie mit Salz, Pfeffer und Muskat zu einem nicht zu festen formbaren Teig verkneten.
4. Den Teig mit zwei in kaltes Wasser getauchten Teelöffeln zu Klößchen von etwa 1½ cm abstechen und in reichlich kochendem Salzwasser garen, bis sie an die Oberfläche steigen.
5. Die Kartoffelnocken herausnehmen, abtropfen lassen, auf vorgewärmte Teller legen und mit der zerlassenen Butter bestreichen. Anschließend warmhalten.
6. Für die Sauce die Gemüse- oder Hefebrühe in einen Topf gießen und bei starker Hitze unter ständigem Rühren auf etwa 2/3 einkochen lassen.
7. Die Sahne nach und nach dazugießen und ebenfalls einkochen lassen.
8. Die kalte Butter in Stücke teilen und mit einem Schneebesen unter die Sauce schlagen. Danach den Topf von der Kochstelle nehmen.
9. Die Hälfte der Kresse mit einer Küchenschere abschneiden, sehr fein hacken und in die Sauce geben, die jetzt sehr sämig sein soll.
10. Die Champignons so klein und fein wie möglich hacken und ebenfalls in die Sauce geben. Einige Minuten darin ziehen lassen.
11. Die Sauce über die Vollwertnocken verteilen, mit dem Rest der frischen Kresse bestreuen.

Außenseiter in der Küche

Pikanter Sojatopf

Rezept für 4 Personen

Das braucht man

800 g getrocknete Sojafleischwürfel
4 gestrichene TL schwarzer Pfeffer
8 Zwiebeln
1 EL Margarine
2 Tassen Steinpilze aus der Dose
1 Glas Senfgurken
1/2 l Weißwein
2 Tassen Hefebrühe
8 EL Preiselbeerkompott
1 Meßlöffel diätetisches Bindemittel

So macht man's

1. Das Sojafleisch über Nacht gut wässern, auf ein Sieb schütten und gut abtropfen lassen.
2. Das Sojafleisch in kleine Stücke schneiden und gut pfeffern.
3. Zwiebeln schälen und fein hacken.
4. Das Fleisch in der Pfanne scharf anbraten. Wenn es Farbe genommen hat, die fein gehackten Zwiebeln hinzufügen.
5. Zusammen mit den in Scheiben geschnittenen Steinpilzen und Senfgurken ein paar Minuten mitschwitzen. Mit Hefebrühe ablöschen, mit Preiselbeeren verfeinern und 15 Minuten unter ständigem Rühren kochen lassen.
6. Mit diätetischem Bindemittel eindicken.

Die 5-Tage-Blitzdiät: Orangendiät

Mit Orangen abnehmen ist kein Problem. Nicht nur, daß 100 g Orangen nur einen Kalorienanteil von 53 kcal haben, sondern sie erfrischen und versüßen jede Diät.

Sie ist gerade für die Wintermonate ideal, da die Orange

- mit 50 mg je 100 g einen hohen Vitamin-C-Gehalt aufweist.
- durch ihren Gehalt an Pektiden, Rohfasern und Fruchtsäuren wirksam gegen Verstopfung ist.
- durch den Gehalt an Mineralstoffen und Vitaminen gerade in den Wintermonaten den Nährstoffbedarf zu decken verhilft.
- durch den Gehalt an Flavanoiden die Widerstandsfähigkeit des Körpers gegenüber Infektionen unterstützt.

Die Orange ist und bleibt die bedeutendste Welthandelsfrucht. Kühl gelagert und transportiert verliert sie kaum an Vitaminen und behält so auch ihr frisches Aroma.

1. TAG

Frühstück

Wahlweise Kaffee – Tee – Kräutertee mit etwas Zucker oder Süßstoff gesüßt.

1 Scheibe Vollkornbrot mit dünnem Margarineaufstrich
1 Scheibe mageren, gekochten Schinken
6 Scheiben frische Salatgurke
1 Tomate

1. Zwischenmahlzeit

1 Orange

Mini-Mittag

1 Tasse Chinasuppe (Fertigprodukt)
4 Kohlrabi schälen und raspeln. Mit dem Saft einer ½ Zitrone und einem ½ TL Zucker anmachen.
1 Scheibe Knäckebrot mit dünnem Margarineaufstrich

2. Zwischenmahlzeit

1 Orange

Ich wiege heute:

Abendessen
Putengeschnetzeltes

Rezept für 1 Person

50 g Naturreis in leicht gesalzenem Wasser kochen.
100 g Putenfleisch in Streifen schneiden, leicht salzen.
1 TL Margarine zergehen lassen. Das Fleisch in die Pfanne geben und Farbe nehmen lassen.
1 gelbe Paprikaschote waschen, halbieren, in Streifen schneiden und zusammen mit 1 Prise Thymian, 1 kleinen, gewürfelten Zwiebel circa 5 Minuten dünsten. Das Fleisch zusammen mit dem Reis anrichten und mit frischen Gartenkräutern garnieren.

Betthupferl

1 Orange

Gesamt Kcal:	985
Gesamt Kj:	4.127

2. TAG

Frühstück

Wahlweise Kaffee – Tee – Kräutertee mit etwas Zucker oder Süßstoff gesüßt.

1 Scheibe Vollkornbrot mit dünnem Margarineaufstrich
1 Scheibe fettarmer Schnittkäse
1 Tomate geviertelt, leicht gesalzen und gepfeffert
1 Becher kalorienreduzierter Fruchtjoghurt

1. Zwischenmahlzeit

1 Orange

Mini-Mittag

1 Tasse Gemüsebrühe
3 Karotten raspeln und mit 1 EL Speiseöl und mit dem Saft einer ½ Zitrone und einem ½ TL Zucker anmachen.
1 Scheibe Knäckebrot mit dünnem Margarineaufstrich

2. Zwischenmahlzeit

1 Orange

Ich wiege heute:

Abendessen
Austernpilze mit Kräutern

Rezept für 1 Person

250 g Austernpilze putzen und in Streifen schneiden.
½ Zwiebel in feine Würfel schneiden. Etwas Margarine zergehen lassen und die Zwiebeln glasig schwitzen, mit 1 TL Provencekräutern würzen. Die geschnittenen Austernpilze hinzugeben und ca. 10 Minuten dünsten.
1 EL Crème fraîche zu den Pilzen geben, kurz aufkochen. Mit 2 EL frischen, gehackten Kräutern und etwas Muskat abschmecken. 100 g (= 30 g roh) gekochte Vollkornnudeln auf einen Teller anrichten und die fertigen Austernpilze hinzugeben.

Betthupferl

1 Orange

Gesamt Kcal:	960
Gesamt Kj:	4.017

3. TAG

Frühstück

Wahlweise Kaffee – Tee – Kräutertee mit etwas Zucker oder Süßstoff gesüßt.

1 Scheibe Vollkornbrot mit dünnem Margarineaufstrich
1 Magerjoghurt mit 2 EL Orangensaft glattrühren.
1 TL Rosinen, 2 EL Vollkornflocken/geschrotetes Weizenkorn hinzugeben. 1 Orange in mundgerechte Stücke schneiden und unter die Müslimischung heben.

1. Zwischenmahlzeit

1 Orange

Mini-Mittag

1 große Tasse Fleischbrühe
1 große Knolle Sellerie fein raspeln und mit dem Saft einer ½ Zitrone und einem ½ TL Zucker anmachen.
1 Scheibe Vollkornbrot mit dünnem Margarineaufstrich
2 dünnne Scheiben Geflügelaufschnitt
1 Gewürzgurke

2. Zwischenmahlzeit

1 Orange

Ich wiege heute:

Abendessen
Gebackene Zucchini

Rezept für 1 Person

1 mittlere Zucchini waschen, halbieren und das Kerngehäuse mit einem Löffel auskratzen.
Leicht salzen und tropfnaß oder in etwas Margarine bißfest dünsten.
1 kleine Knoblauchzehe fein schneiden oder mixen und mit 2 EL Semmelbrösel mischen.
50 g Rinderhack in einer beschichteten Pfanne mit 1 kleinen, fein gewürfelten Zwiebel und einem ½ TL Thymian anbraten.
1 EL Tomatenketchup hinzugeben und mit köcheln lassen.
1 geviertelte, entkernte, in Würfel geschnittene Tomate dazugeben. Die Tomate warm werden lassen. Die Füllung in die Zucchini füllen, mit den Semmelbröseln bestreuen und unter dem Grill überbacken.
Zusammen mit 100 g gekochten Spaghetti servieren.

Betthupferl

1 Orange

Gesamt Kcal:	1.050
Gesamt Kj:	4.393

4. TAG

Frühstück

Wahlweise Kaffee – Tee – Kräutertee mit etwas Zucker oder Süßstoff gesüßt.

2 Scheiben Vollkornbrot mit dünnem Margarineaufstrich
2 Scheiben Diätleberwurst
1 weichgekochtes Ei

1. Zwischenmahlzeit

1 Orange

Mini-Mittag

1 Tasse Champignoncrèmesuppe (Fertigprodukt)
1 große Schale rohes Sauerkraut mit einem ½ TL Zucker und mit etwas Zitronensaft anmachen.

2. Zwischenmahlzeit

1 Orange

Ich wiege heute:

Abendessen
Kabeljaufilets in Orangensauce

Rezept für 1 Person

150 g Kabeljaufilets auftauen lassen, leicht salzen, pfeffern mit einem ½ TL Worchestersauce und einem ½ TL Zitronensaft würzen. In einer feuerfesten Form wird eine ½ Tasse Orangensaft mit einer ½ Tasse Fischfond oder trockenem Weißwein vermischt. Den Fisch in die vorbereitete Form einlegen und ca. 15 Minuten in einem 170 Grad heißen Ofen ziehen lassen.
Den Fisch aus dem Gefäß nehmen und warm stellen. Den Fond kurz aufkochen und mit einem kalorienarmen, pflanzlichen Bindemittel abbinden. Drei Pellkartoffeln zusammen mit dem Fisch auf den Teller geben, die Sauce mit 1 TL frischen Dill verfeinern, über den Fisch geben und servieren.

Betthupferl

1 Orange

Gesamt Kcal:	950
Gesamt Kj:	3.975

5. TAG

Frühstück

Wahlweise Kaffee – Tee – Kräutertee mit etwas Zucker oder Süßstoff gesüßt.

1 Scheibe Vollkornbrot mit dünnem Margarineaufstrich
2 Scheiben Bierschinken
1 Tomate in Scheiben schneiden, leicht salzen und pfeffern

1. Zwischenmahlzeit

1 Orange

Mini-Mittag

1 Tasse Tomatensuppe (Fertigprodukt)
1 Magerjoghurt mit 2 EL Orangensaft glattrühren.
1 TL Rosinen, 2 EL Vollkornflocken/geschrotetes Weizenkorn hinzugeben. 1 Orange in mundgerechte Stücke schneiden und unter die Müslimischung heben.

2. Zwischenmahlzeit

1 Orange

Ich wiege heute:

Abendessen
Blumenkohl mit Bündner Fleisch

Rezept für 1 Person

Einen Topf mit Salzwasser und etwas Zitronensaft aufstellen. Einen ½ Blumenkohl putzen, waschen, in Röschen zerteilen. Leicht salzen und tropfnaß oder mit etwas Margarine weich dünsten.
In einem kleinen Topf 1 TL Margarine zergehen lassen und 1 kleine Zwiebel glasig schwitzen. Eine ½ Tasse trockenen Weißwein und eine ½ Tasse Blumenkohlwasser hinzugeben und mit einem kalorienarmen, pflanzlichen Bindemittel zur Sauce eindicken. Mit 2 EL feingeschnittenen Schnittlauch und Muskatnuß abschmecken.
4 kleine Kartoffeln in der Schale dämpfen. Den Blumenkohl mit 30 g Bündner Fleisch anrichten und servieren.

Betthupferl

1 Orange

Gesamt Kcal:	980
Gesamt Kj:	4.100

Zuschauertips

Wer liebt nicht die knackigen roten Radieschen aus dem Garten oder frisch vom Markt. Bleiben die Radieschen jedoch länger liegen, werden Sie unansehnlich runzlig. Sie bleiben mehrere Tage frisch, wenn man sie mit dem Grün nach unten wie einen Blumenstrauß ins Wasser stellt. Radieschen behalten ihre kräftige rote Farbe und werden nicht runzlig und weich.
(Frau Martina Wagner aus Schöffengrund)

Wegwerfen ist in unserer heutigen Gesellschaft üblich. Dennoch könnten wir mit ein paar Tricks diesem Übel entgegenwirken, z.B. bei altem Brot. Obwohl altes Brot für den Verdauungsapparat gesünder ist als frisches, wird es oft weggeworfen. Man kann jedoch daraus Paniermehl machen oder es in kleine Würfel schneiden, es in Butter rösten bis es knackig braun ist. Diese Brotwürfel schmecken hervorragend zu Suppen oder zum Knabbern.
(Frau Kemmer aus Werneck)

Ein guter Ökotip, den sich jede Hausfrau zu Herzen nehmen sollte. Das Wasser ist und bleibt eines der wichtigsten Lebensvoraussetzungen für den Menschen. Leichtfertig gehen wir jedoch damit um. Das Wasser, was man z.B. für das Eierkochen verwendet, sollte man nicht wegschütten. Man sollte es zum Blumengießen nehmen. Der Kalkgehalt des Wassers ist erhöht, so bekommt es den Blumen prima. Das beim Putzen von Gemüse anfallende Wasser sollte man auch als Blumenwasser gebrauchen.
(Frau Helga Philp aus Heusenstamm 2)

Für viele Süßspeisen braucht die Hausfrau Eiweiß. Das Eigelb bleibt über und vertrocknet im Kühlschrank. Um das zu verhindern gibt man das überflüssige Eigelb in ein Gefäß und übergießt es mit kaltem Wasser. Stellt man dieses Gefäß nun in den Kühlschrank, hält sich das Eigelb länger frisch und man kann es bei Gebrauch für andere Speisen verwenden.
(Frau Lydia Woller aus Puchheim)

Das besondere Rezept

Geflügelpfanne mit Sojasprossen und Orangenfilets

Rezept für 4 Personen

Das braucht man:

200 g Naturreis
1 Zwiebel
1 Stange Lauch
1 Schale Sojasprossen
400 g Putenbrust
2 EL Margarine
2 EL Sojasauce
1 Prise Jodsalz
Pfeffer aus der Mühle
2 Orangen
Saft 1 Orange

So macht man's:

1. Naturreis waschen, abtropfen lassen und in leicht gesalzenem Wasser kochen.
2. Zwiebel schälen, halbieren und fein würfeln.
3. Lauch halbieren, waschen und in feine Streifen schneiden.
4. Sojasprossen waschen und verlesen.
5. Putenfleisch in Streifen schneiden, Margarine in einer Pfanne zergehen lassen, das Fleisch darin anbraten, Farbe nehmen lassen und auf einem Teller warmstellen.
6. Zwiebeln und Lauch in die Pfanne geben und circa 5 Minuten mitdünsten.
7. Anschließend die Sprossen hinzugeben und weiter 3 Minuten mitdünsten.
8. Mit Sojasauce, Jodsalz und Pfeffer würzen.
9. Orangen schälen, kleinschneiden, zum Fleisch in die Pfanne geben und heiß werden lassen.
10. Danach mit Orangensaft abschmecken, circa 2 Minuten köcheln lassen.
11. Zum Schluß das Fleisch wieder in die Sauce geben und mit dem Reis zusammen anrichten.

Das Mehrwertrezept

Pikanter Feldsalat

Rezept für 4 Personen

Das braucht man:

150 g Feldsalat
1 Zwiebel
200 g eingelegte Rote Beete

Für das Dressing
1 Glas kalorienreduzierte Mayonnaise (250 g)
½ Tasse Rote Beete Saft
1 EL Senf
1 Prise Jodsalz
Pfeffer aus der Mühle
circa 2 EL Obstessig

Zum Garnieren
1 Bund Schnittlauch

So macht man's:

1. Feldsalat waschen, putzen, verlesen und gut abtropfen lassen.
2. Zwiebel schälen, halbieren und fein würfeln.
3. Eingelegte Rote Beete abtropfen lassen und in feine Streifen schneiden.
4. Mayonnaise mit Rote Beete Saft glattrühren, mit Senf, Jodsalz, Pfeffer und Obstessig vermischen.
5. Schnittlauch waschen, verlesen und in feine Ringe schneiden.
6. Zwiebeln und Rote Beete mit dem Dressing mischen, circa ½ Stunde ziehen lassen.
7. Danach den Feldsalat mit dem Dressing anmachen, auf Tellern anrichten und mit Schnittlauch bestreuen.

Außenseiter in der Küche

Austernpilzgulasch

Rezept für 4 Personen

Das braucht man

1 kg frische Austernpilze
4 große Zwiebeln
4 Paprikaschoten
2 EL Paprika
1 EL Curry
2 EL Tomatenmark
½ l Gemüsebrühe
2 TL Alevita Bindefix
½ TL schwarzen Pfeffer
etwas flüssige Speisewürze
2 EL Preiselbeeren
⅛ l Crème fraîche

So macht man's

1. Die Austernpilze putzen, waschen und anschließend in Stücke schneiden.
2. Die Zwiebeln schälen und in Scheiben schneiden.
3. Die Paprikaschoten halbieren, entkernen und in Streifen schneiden.
4. Die Zwiebeln in etwas Margarine glasig dünsten.
5. Die Paprikaschoten dazugeben und einige Minuten mitschwitzen.
6. Dann die Austernpilze dazugeben und 5 Minuten mitdünsten.
7. Alles mit Paprika und Curry stäuben, mit Tomatenmark verrühren.
8. Anschließend mit heißer Gemüsebrühe auffüllen und etwa 15 Minuten leicht köcheln lassen.
9. Danach mit schwarzem Pfeffer, flüssiger Speisewürze abschmecken und mit Bindefix entsprechend eindicken.
10. Zum Schluß die Preiselbeeren und die Crème fraîche unterziehen.

Die 5-Tage-Blitzdiät: Bananendiät

Mit unserer Bananenkur purzeln die Pfunde. Bananen machen nämlich nicht dick. 100 g Bananen enthalten nur ganze 96 Kalorien. Die Banane ist eine ideale Grundlage für die schnelle Gewichtsreduktion, weil

- ihr Kohlenhydratanteil gerade während der Diät von Bedeutung ist, wie Ernährungswissenschaftler immer wieder bestätigen.

- weil Bananen reichlich Ballaststoffe enthalten, was sich positiv auf die Verdauung und auf das Gewichtmachen auswirkt.

- weil Bananen reichlich Vitamin C enthalten, das der Müdigkeit, der geistigen und körperlichen Leistungsminderung und den Infektionsanfälligkeiten vorbeugt.

- weil Bananen auch gute Lieferanten der B-Vitamine sind, die auch als „Energie- und Nervenvitamine" bezeichnet werden, da sie wichtige Funktionen im Kohlenhydratstoffwechsel und im Nervensystem übernehmen. Darüber hinaus versorgen uns Bananen mit dem Provitamin A und mit dem Vitamin E.

- weil Bananen einen äußerst hohen Anteil am Mineralstoff Kalium haben, das dem Organismus bei der Entwässerung, bei der Ausscheldung von Schlackstoffen, was gerade bei der Gewichtsreduktion wichtig ist. Außerdem enthalten Bananen viel Magnesium, Eisen, Jod, Kupfer und Fluor.

1. TAG

Frühstück

Wahlweise Kaffee – Tee – Kräutertee mit etwas Zucker oder Süßstoff gesüßt.
1 Scheibe Vollkornbrot mit dünnem Margarineaufstrich
1 Scheibe Edamer 30 %
2 Tomaten geviertelt, leicht gesalzen und gepfeffert.

1. Zwischenmahlzeit

1 frische Banane

Mini-Mittag

1 Scheibe Fleischkäse mit maximal 100 g. Dazu: 1 TL Senf, 1 Rettich in Scheiben geschnitten und leicht gesalzen. ½ Scheibe Vollkornbrot mit dünnem Margarineaufstrich mit 1 Bund frischem, fein geschnittenem Schnittlauch bestreut.

2. Zwischenmahlzeit

2 große Karotten fein raspeln, mit dem Saft ½ Zitrone, einigen Tropfen Salatöl und ½ TL Zucker anmachen. Mit einem Schuß Sekt spritzig machen.

Ich wiege heute:

Abendessen
Hähnchenkeule mit Bananen-Ingwergemüse

Rezept für 1 Person

2 Karotten in Scheiben schneiden. ½ Stange Lauch halbieren, waschen, in Streifen schneiden. ½ Banane schälen und in feine Scheiben schneiden. In der antihaft-versiegelten Pfanne zuerst die Karotten und den Lauch andünsten und zugedeckt einige Minuten bis zur Bißfestigkeit dünsten. Dann die Bananenscheiben dazugeben. Das Gänze leicht salzen, mit weißem Pfeffer und etwas Ingwerpulver bestreuen und auf die Heißhaltezone der Pfanne schieben. 1 aufgetaute Hähnchenkeule mit maximal 120 g leicht salzen und pfeffern und in der antihaft-versiegelten Pfanne anbraten. Mehrfach wenden und rundherum Farbe nehmen lassen. Mit etwas Weißwein leicht angießen und rund 15 – 20 Minuten zugedeckt garen. Das Gemüse rund um die Hähnchenkeule anrichten. Dazu: 2 EL körnig gekochten Reis.

Betthupferl

1 frische Banane

Gesamt Kcal:	1.165
Gesamt Kj:	4.874

2. TAG

Frühstück

Wahlweise Kaffee – Tee – Kräutertee mit etwas Zucker oder Süßstoff gesüßt.
1 Scheibe Vollkornbrot mit dünnem Margarineaufstrich
1 Scheibe mageren rohen Schinken
1 Spiegelei
2 Tomaten geviertelt, leicht gesalzen und gepfeffert

1. Zwischenmahlzeit

1 frische Banane

Mini-Mittag

1 gebratene Hähnchenkeule kalt oder warm
1 kleines Glas Krautsalat
1 Scheibe Knäckebrot mit dünnem Margarineaufstrich

2. Zwischenmahlzeit

1 kleine Knolle Sellerie schälen, fein raspeln und mit dem Saft ½ Zitrone und ½ TL Zucker anmachen.

Mit einem Schuß Sekt spritzig machen.

Ich wiege heute:

Abendessen
Zwiebel-Bananen-Ragout mit Petersilienkartoffeln

Rezept für 1 Person

2 kleine Kartoffeln unter fließendem Wasser sauber abbürsten, mit der Schale kochen. Inzwischen 50 g Zwiebelwürfel in 1 TL (7,5 g) Butter und 1 EL trockenem Weißwein glasig dünsten. 1 kleine in Scheiben geschnittene Banane und den zweiten EL Weißwein unter die Zwiebeln mischen. Heiß werden lassen, aber nicht kochen. Das Ragout mit Kräutersalz, Zitronensaft, abgeriebener Zitronenschale, ¼ TL Curry, ½ TL Kurkuma sowie je 1 Prise Cayennepfeffer, Piment und Muskatblüte scharfpikant abschmecken. Gekochte Kratoffeln in ½ TL (2,5 g) zerlassener Butter und 2 TL gehackter Petersilie schwenken und mit dem Ragout servieren.

Betthupferl

1 frische Banane

Gesamt Kcal:	1.150
Gesamt Kj:	4.812

3. TAG

Frühstück

Wahlweise Kaffee – Tee – Kräutertee mit etwas Zucker oder Süßstoff gesüßt.
1 Scheibe Vollkornbrot mit dünnem Margarineaufstrich
1 Scheibe Bierschinken
1 weich gekochtes Ei
2 Tomaten geviertelt, leicht gesalzen und gepfeffert.

1. Zwischenmahlzeit

1 frische Banane

Mini-Mittag

2 Scheiben rosa gebratenes Roastbeef kalt oder
2 Scheiben kalten Kalbsbraten
1 TL frischen geriebenen oder konservierten Meerrettich
1 Scheibe Knäckebrot mit dünnem Margarineaufstrich

2. Zwischenmahlzeit

100 g rohes Sauerkraut mit dem Saft ½ Zitrone und ½ TL Zucker anmachen.

Mit ½ Schuß Sekt spritzig machen.

Ich wiege heute:

Abendessen
Schaumomelette mit Bananen-Gemüse

Rezept für 1 Person

15 g feingemahlener Weizen mit 3 EL kaltem Wasser, 1 Eigelb und 1 Messerspitze Curry verrühren. 20 Minuten quellen lassen. Inzwischen 1 Zwiebel (40 g) schälen, vierteln, in schmale Streifen schneiden und in 1 TL (5 g) Butter glasig dünsten. 150 g Tomaten würfeln, 100 g Zucchini in Scheiben schneiden, mit ¼ Gemüsebrühwürfel und getrockneten Provence-Kräutern zu den Zwiebeln geben. Zugedeckt 8 – 10 Minuten „auf Biß" garen. ½ Banane längs halbieren, in Scheiben schneiden und unter das Gemüse heben. 1 EL frische feingehackte Kräuter unterziehen und warm stellen.
1 Eiweiß sehr steif schlagen, unter die Omelettemasse heben. 1 TL (5 g) Butter in einer großen Pfanne zerlassen, die Schaummasse darin verteilen. Zugedeckt bei kleiner Hitze braten. Dann wenden und in der offenen Pfanne fertigbraten. Omelette auf einen Teller gleiten lassen. Das Gemüse darauf arrangieren und mit krauser Petersilie garnieren.

Betthupferl

1 frische Banane

Gesamt Kcal:	1.118
Gesamt Kj:	4.678

4. TAG

Frühstück

Wahlweise Kaffee – Tee – Kräutertee mit etwas Zucker oder Süßstoff gesüßt.
1 Scheibe Vollkornbrot mit dünnem Margarineaufstrich
1 Scheibe mageren rohen Schinken
2 dünne Scheiben Camembert mit maximal je 15 g und 30% Fett i. d. Tr.
2 Tomaten geviertelt, leicht gesalzen und gepfeffert.

1. Zwischenmahlzeit

1 frische Banane

Mini-Mittag

½ Schale Kräuterquark
1 Scheibe Knäckebrot mit dünnem Margarineaufstrich
1 Bund frische Radieschen
2 Tomaten geviertelt, leicht gesalzen

2. Zwischenmahlzeit

1 kleine Salatgurke schälen, halbieren, mit dem Teelöffel die Kerne herausholen. Anschließend fein raspeln und mit dem Saft ½ Zitrone und 1 TL Zucker anmachen. Mit ½ Glas Sekt spritzig machen.

Ich wiege heute:

Abendessen
Eisbergsalat mit Tomaten, Zucchini und Banane

Rezept für 1 Person

1 Banane in Scheiben schneiden, in 2 EL Rotweinessig marinieren. 150 g Eissalat waschen, trockenschleudern, etwas zerpflücken. 100 g Tomaten halbieren, in dünne Scheiben schneiden. 100 g Zucchini in Scheibchen hobeln. Alle Salatzutaten in eine Schüssel füllen, mit 1 EL gehackten Kräutern (z. B. Basilikum, Petersilie, Dill, Borretsch) bestreuen. 2 EL Kefir darübergeben und alles vorsichtig mischen. Dazu eine Scheibe Leinsamen-Knäckebrot essen.

Betthupferl

1 frische Banane

Gesamt Kcal:	1.010
Gesamt Kj:	4.226

5. TAG

Frühstück

Wahlweise Kaffee – Tee – Kräutertee mit etwas Zucker oder Süßstoff gesüßt.

1 Scheibe Vollkornbrot mit dünnem Margarineaufstrich
1 Scheibe Knäckebrot mit dünnem Margarineaufstrich
1 dünne Scheibe gekochter Schinken
½ Becher Kräuterquark

1. Zwischenmahlzeit

1 frische Banane

Mini-Mittag

1 Paar Wiener Würstchen mit Senf
1 Scheibe Knäckebrot mit dünnem Margarineaufstrich
2 Senfgurken

2. Zwischenmahlzeit

2 große Karotten so fein wie möglich raspeln, mit dem Saft ½ Zitrone, einigen Tropfen Salatöl und ½ TL Zucker vermischen. Mit einem Schuß Sekt spritzig machen.

Ich wiege heute:

Abendessen
Paprikapfanne mit Hirse

Rezept für 1 Person

15 g Hirse mit ¼ Gemüsebrühwürfeln und 75 ml Wasser bei kleinster Wärmezufuhr zum Kochen bringen.
2 – 3 Minuten schwach kochen und etwa 15 Minuten auf der ausgeschalteten Herdplatte ausquellen lassen.
Inzwischen 30 g Zwiebelwürfel in 1 TL (5 g) Butter glasig dünsten. 50 g gelbe und 150 g grüne Paprikaschoten in schmale Streifen schneiden, 150 g Tomaten würfeln. Paprikasteifen, Tomatenwürfel, ¼ Gemüsebrühwürfel und ½ TL getrockneten Thymian zu den Zwiebeln geben. Etwa 10 Minuten in der geschlossenen Pfanne „auf Biß" dünsten.
½ Banane längs halbieren, in Scheiben schneiden und im Paprikagemüse heiß werden lassen. Mit 1 TL Prise Cayennepfeffer abschmecken. Die Hirse in der Mitte des Paprikagemüses anrichten.

Betthupferl

1 frische Banane

Gesamt Kcal:	1.173
Gesamt Kj:	4.908

Zuschauertips

Kartoffelpuffer sind in jedem Haushalt ein heißbeliebtes Essen. Ein großer Nachteil ist der hohe Fettgehalt von Kartoffelpuffern, so daß viele – gerade eine Diät machende Übergewichtige – vor dieser leckeren Mahlzeit zurückschrecken. Backt man die Kartoffelpuffer in einem leicht gefetteten Waffeleisen, so erspart man sich die enorme Fettzugabe und sie werden auch knusprig braun.
(Frau Monika Heins aus Barsinghausen)

Auch beim vorsichtigsten Hineinlegen der Eier in das siedende Wasser kann gelegentlich eine Eierschale platzen und das Ei läuft aus. Setzt man jedoch das Wasser mit einem Teelöffel Salz oder Essig auf, verhindert man das Auslaufen des Eiweißes, da dieses im Salzwasser sofort gerinnt und die Bruchstelle somit verschließt.
(Frau Brigitte Fechner aus München)

Ein schlanker Tip für jeden Milchspeisenliebhaber. Quark-Speisen (süß oder auch pikant) sind nicht nur hochwertige Eiweißlieferanten, sie sind auch wertvoll aufgrund ihres Calciumgehaltes. Rührt man anstatt Milch oder Sahne kohlensäurehaltiges Mineralwasser hinein, wird der Quark nicht nur sehr schön cremig, er ist auch – gerade bei der Verwendung von Magerquark – kalorienarm und schmeckt ausgezeichnet.
(Frau Gisela Heizmann aus Villingen)

Ein Tip für Diätbewußte und für Schlemmer. Um lockere Fleischfrikadellen zu bekommen, sollte man nicht die eingeweichten weißen Semmeln untermengen. Hackfleisch, gehackte Zwiebeln, Gewürze und Magerquark ergeben einen lockeren Teig, der nicht nur herzhaft schmeckt, sondern auch kalorienärmer ist. Brät man das ganze in wenig Mineralwasser auf niedriger Stufe an, so wird das überflüssige Fett ausgebraten und die Frikadellen sind noch kalorienärmer.
(Frau Heidemarie Luckhardt aus Hohenroda)

Das besondere Rezept

Salat Club Vital

Rezept für 4 Personen

Das braucht man

10 g Linsen
10 g Kichererbsen
10 g Rettichsamen
10 g Alfalfasamen
2 Aufgußbeutel Hagebuttentee
3 EL milden Obstessig
1 EL Apfeldicksaft
1 EL Kräutersenf
¼ TL weißer Pfeffer, Jodsalz
5 EL Sonnenblumen- oder Distelöl
50 g Feldsalat
100 g Staudensellerie
2 Tomaten
½ TL Dill
1 Kästchen Gartenkresse

So macht man's

1. Die Linsen-, Kichererbsen, Rettich- und Alfalfasamen nach Anleitung keimen lassen.
2. Für die Salatsauce 1 Tasse Hagebuttentee zubereiten und erkalten lassen.
3. Den Tee mit dem Essig, dem Apfeldicksaft, dem Kräutersenf und den Gewürzen und den Hefeflocken vermengen. Das Öl darunterrühren.
4. Den gewaschenen, verlesenen Feldsalat, den in feine Streifen geschnittenen Staudensellerie und die entkernten, gewürfelten Tomaten mit den gewaschenen Keimen vermengen.
5. Die Sellerieblättchen und den Dill fein hacken und in die Salatsauce geben.
6. Den Sprossensalat mit der Salatsauce übergießen, anrichten und mit der abgeschnittenen und gewaschenen Kresse garnieren.

Das Mehrwertrezept

Sprossen-Auflauf

Rezept für 4 Personen

Das braucht man

200 g gekochter Schinken
40 g Sonnenblumenöl
250 g Lauch
250 g Sellerie
250 g Sojasprossen
½ TL Kräutersauce
1 EL Currypulver
½ TL Cayenne-Pfeffer
20 ml Sojasauce
10 g Sonnenblumenöl
2 EL Semmelbrösel
1 Banane
4 Eier
0,25 l Sahne
40 g Kräutersenf
100 g Reibkäse

So macht man's

1. Den gekochten Schinken in Streifen schneiden, in Öl leicht anschwitzen.
2. Den geputzten, gewaschenen und in Streifen geschnittenen Lauch zusammen mit dem fein geraspelten Sellerie und den gewaschenen Sojasprossen hinzufügen und mit anschwitzen lassen.
3. Mit Kräutersauce, Curry, Cayenne-Pfeffer und der Sojasauce würzen.
4. Eine Auflaufform mit Öl ausfetten und mit Semmelbrösel ausstreuen.
5. Das Gemüse einfüllen und gleichmäßig verteilen.
6. Die Banane schälen und in kleine Stücke schneiden.
7. Die Eier mit der Sahne, dem Senf und dem Reibkäse und den Bananenwürfeln im Mixer verquirlen und über das Gemüse gießen, in den Ofen geben und bei 260 Grad 15 Minuten garen und goldgelb werden lassen.

Außenseiter in der Küche

Baumfrische Datteln. Ein tolles Geschenk der Natur. Sie enthalten so viele Mineralien wie kaum ein anderes Produkt. Vor allem aber auch die Energievitamine der B-Gruppe stecken in den Datteln.

In einem Frühstücks-Müsli mit frischen Datteln, steckt der Leistungsschub für den Arbeits- oder Schultag.

Club Vital Müsli

Rezept für 1 Person

Das braucht man

3 frische Datteln
2 EL kernige Haferflocken
1 TL Weizenkleie
1 EL Birnendicksaft
5 EL Dickmilch

So macht man's

1. Datteln längs halbieren, die Kerne entfernen, nach Bedarf die glänzende braune Haut abziehen.
2. Datteln klein schneiden oder grob hacken.
3. Kernige Haferflocken, Weizenkleie, Birnendicksaft und Dickmilch dazugeben, gut durchmischen und einige Minuten ziehen lassen.

Die 5-Tage-Blitzdiät: Erdbeerdiät

Sie heißt nicht umsonst Königin der Beeren. Sie ist es auch. Erdbeeren sind kostbar und müssen deswegen pfleglich behandelt werden:

- Verbrauchen Sie die Erdbeeren so bald wie möglich. Je frischer sie sind, desto besser schmecken sie.
- Falls Sie die Erdbeeren nicht am selben Tag verwenden, dann auf einem Tablett ausbreiten und kühl – am besten im Gemüsefach des Kühlschranks – aufbewahren.
- Die Früchte werden erst unmittelbar vor dem Zubereiten gewaschen: entweder kurz in eine Schüssel mit Wasser getaucht oder unter einem weichen Wasserstrahl. Ausgiebiges Waschen ist nicht nötig, da die gekauften Erdbeeren in der Regel nicht mit der Erde in Berührung kommen: Sie reifen auf einer Lage Stroh, die vor der Blüte unter die Blätter geschoben wird.

1. TAG

Frühstück

Wahlweise Kaffee – schwarzer Tee – Kräutertee

1 Scheibe Knäckebrot mit dünnem Halbfettmargarineaufstrich mit
2 Scheiben Geflügelwurst belegt
1 weichgekochtes Ei
1 Tomate geviertelt und ganz leicht gesalzen

Zwischenmahlzeit

250 g frische Erdbeeren

Suppen-Snack
Kraftbrühe Julienne

Rezept für 1 Person

1 Karotte, 1/4 Stange Lauch, 1/4 Sellerieknolle in ganz feine Streifen schneiden. Mit 1/4 l Fleischbrühe (Fertigprodukt) zum Kochen bringen und 10 Minuten ziehen lassen. Mit ganz wenig Salz, etwas Pfeffer und Muskat nachschmecken und mit 1 EL gehackter Petersilie bestreuen.

1 Scheibe Vollkornbrot mit dünnem Halbfettmargarineaufstrich und frisch geschnittenem Schnittlauch bestreut.

Zwischenmahlzeit

250 g frische Erdbeeren

Abendessen
Hähnchen nach Hirten-Art

1/2 TL Majoran, 1/2 TL Thymian, 1/2 TL Rosmarin mit dem Saft einer Zitrone und 1 EL Öl verrühren.
1 Hähnchenkeule salzen und pfeffern. Mit einem Speisepinsel die Öl-Gewürzmischung gleichmäßig auftragen. Bei 200 Grad im Ofen 20 Minuten garen. Während des Garvorganges öfters mit der Öl-Gewürzmischung bestreichen.
1 Portion Bohnensalat dazureichen.

Betthupferl

250 g frische Erdbeeren

Gesamt Kcal:	961
Gesamt Kj:	4.026

Ich wiege heute:

2. TAG

Frühstück

Wahlweise Kaffee – schwarzer Tee – Kräutertee

2 Scheiben Knäckebrot mit dünnem Halbfettmargarineaufstrich und
2 Scheiben Roatbeef belegt
1 Gewürzgurke in Scheiben geschnitten

Zwischenmahlzeit

250 g frische Erdbeeren

Suppen-Snack
Champignonsuppe Frühlings-Art

Rezept für 1 Person

1 Kästchen Gartenkresse abschneiden, verlesen, waschen und abtropfen lassen.
Danach 1/4 l Champignoncremesuppe (Fertigprodukt) erhitzen, die mittlerweile fein gehackte Kresse dazugeben und fünf Minuten kochen lassen. Anschließend mit etwas weißem Pfeffer, mit ein paar Tropfen Weißwein, etwas Zitronensaft und 2 cl Eierlikör (1 Schnapsglas) verfeinern.
1 Scheibe Vollkornbrot mit dünnem Halbfettmargarineaufstrich und frisch geschnittenem Schnittlauch bestreut.

Ich wiege heute:

Zwischenmahlzeit

250 g frische Erdbeeren

Abendessen
Bauernsalat

1 Kopf grünen Salat putzen, waschen und in Streifen schneiden. 1/2 Salatgurke mit dem Eßlöffel entkernen, in Scheiben schneiden und mit dem Salat in einer Salatschüssel vermischen. In einer Pfanne 1 EL Margarine erhitzen und darin 100 g in dünne Streifen geschnittene Kalbsleber anbraten. 1 fein gehackte Zwiebel und etwas abgeriebene Zitronenschale dazugeben, kurz mitschwitzen. Mit 1/2 Tasse Weißwein, 4 EL Obstessig, dem Saft einer Zitrone und 1/2 Tasse Fleischbrühe (Fertigprodukt) auffüllen. Mit 1/2 TL Knoblauchsalz, Pfeffer aus der Mühle und 2 Tropfen flüssigem Süßstoff abschmecken. Heiß über den Salat geben, gut durchmischen und servieren.

Betthupferl

250 g frische Erdbeeren

Gesamt Kcal:	1.142
Gesamt Kj:	4.785

3. TAG

Frühstück

Wahlweise Kaffee – schwarzer Tee – Kräutertee

1 Scheibe Vollkornbrot mit dünnem Halbfettmargarine-aufstrich und
1 Scheibe Gouda belegt
½ Salatgurke in Scheiben geschnitten
1 Tomate geviertelt und ganz leicht gesalzen

Zwischenmahlzeit

250 g frische Erdbeeren

Suppen-Snack
Hühnersuppe Flamingo

Rezept für 1 Person

¼ l möglichst fettarme Geflügelbrühe (Fertigprodukt) erhitzen. 2 EL vorgekochte Nudeln je nach Größe zerkleinern, 2 EL Frischkräuter dazugeben. 1 Ei verschlagen und unterrühren. Kurz aufkochen lassen, mit etwas weißem Pfeffer und ganz wenig Muskat verfeinern.

1 Scheibe Vollkornbrot mit dünnem Halbfettmargarine-aufstrich und frisch geschnittenem Schnittlauch bestreut.

Zwischenmahlzeit

250 g frische Erdbeeren

Abendessen
Italienischer Toast

1 Scheibe Vollkorntoast leicht toasten und mit Halbfett-margarine dünn bestreichen. Mit 1 Scheibe magerem gekochten Schinken und 2 in Scheiben geschnittenen Tomaten belegen. Mit 1 fein gehackten Zwiebel, ½ TL Basilikum, ½ TL Oregano bestreuen, salzen und pfeffern. Mit 1 Scheibe Gouda abdecken und 5 Minuten im Grill überbacken.

Betthupferl

250 g frische Erdbeeren

Gesamt Kcal:	968
Gesamt Kj:	4.055

Ich wiege heute:

4. TAG

Frühstück

Wahlweise Kaffee – schwarzer Tee – Kräutertee

½ Scheibe Bauernbrot wird mit
1 Scheibe magerem gekochten Schinken belegt, darauf kommt
1 Spiegelei fettfrei gebraten und mit Schnittlauch bestreut
1 Gewürzgurke

Zwischenmahlzeit

250 g frische Erdbeeren

Suppen-Snack
Tomatensuppe Florentiner Art

Rezept für 1 Person

100 g frischen Blattspinat verlesen, waschen, im Salzwasser kurz aufkochen. Abschütten, abtropfen und erkalten lassen. Anschließend mittelfein hacken. Danach ¼ l Tomatensuppe (Fertigprodukt) nach Vorschrift erhitzen, den Spinat dazugeben und mit ½ Knoblauchzehe, die mit Salz fein zerrieben worden ist, verfeinern.

1 Scheibe Vollkornbrot mit dünnem Halbfettmargarine-aufstrich und frisch geschnittenem Schnittlauch bestreut.

Zwischenmahlzeit

250 g frische Erdbeeren

Abendessen
Bunte Salatschüssel

½ Salatgurke, 1 Bund Radieschen und 2 Tomaten entsprechend putzen, waschen und in Scheiben schneiden. 1 Kopfsalat putzen, waschen und in Streifen schneiden. Mit den anderen Zutaten vorsichtig vermischen. Aus 1 Becher Joghurt, 2 EL Tomatenketchup, 2 EL Obstessig und 1 EL Meerrettich ein Dressing rühren. Mit ½ TL Paprika, ½ TL Curry, Salz, Pfeffer aus der Mühle und 2 Tropfen flüssigem Süßstoff abschmecken. Über den Salat geben. Mit 1 Bund gehacktem Estragon bestreuen und servieren. Dazu 1 Scheibe Graubrot mit dünnem Halbfettmargarineaufstrich.

Betthupferl

250 g frische Erdbeeren

Gesamt Kcal:	954
Gesamt Kj:	3.997

Ich wiege heute:

5. TAG

Frühstück

Wahlweise Kaffee – schwarzer Tee – Kräutertee
2 Scheiben Knäckebrot mit dünnem Halbfettmargarine-aufstrich
1 Scheibe wird mit 1 TL Nuß-Nougatcreme,
1 Scheibe wird mit 1 TL Erdbeerkonfitüre bestrichen
1 Schale frische Erdbeeren

Zwischenmahlzeit

250 g frische Erdbeeren

Suppen-Snack
Hühnersuppe Königin

Rezept für 1 Person

1/4 l möglichst fettarme Geflügelbrühe (Fertigprodukt) erhitzen. 2 EL Spargelabschnitte in cm große Stücke schneiden, 2 EL grüne Erbsen aus der Dose und 2 EL klein geschnittenes Hühnerfleisch ohne Fett (30 g Gewicht) dazugeben, einmal kurz aufkochen. Mit Petersilie bestreuen.

1 Scheibe Vollkornbrot mit dünnem Halbfettmargarine-aufstrich und frisch geschnittenem Schnittlauch bestreut.

Zwischenmahlzeit

250 g frische Erdbeeren

Abendessen
Zitronensteak

150 g Kalbssteak salzen und pfeffern. In 1 EL Margarine braten, herausnehmen und warmstellen. Bratensaft mit dem Saft einer Zitrone ablöschen. Mit 2 EL Weißwein, 1 EL Honig verrühren und 1 geschälte, in Scheiben geschnittene Zitrone dazugeben. Mit 1/2 TL Thymian, 1/2 TL zerdrückten Pfefferkörnern und einer mit Salz verriebenen Knoblauchzehe abschmecken, über das Steak geben und servieren.
Dazu 1 Folienkartoffel geben.

Betthupferl

250 g frische Erdbeeren

Gesamt Kcal:	1.072
Gesamt Kj:	4.491

Ich wiege heute:

Zuschauertips

Essig kann im Haushalt nicht nur bei der Zubereitung von bestimmten Speisen dienen, sondern eine richtige Arbeitshilfe sein. Ob als Klarspüler in der Spülmaschine, ob als Weichspüler in der Waschmaschine, ob beim Entkalken von Eierkocher und Kaffeemaschine oder beim Putzen von Fensterscheiben: Essig ist umweltfreundlich und auch ein billiges Haushaltsmittel.
(Frau Adelheid Däumling aus Höhenkirchen)

Falls Zitronen im Sonderangebot sind, sollte man sie sich ausreichend besorgen und alle auspressen. Den Saft füllt man in Eiswürfelschalen und friert diese ein. So ist Zitronensaft zu jeder Zeit griffbereit, man hat nur einmal Arbeit mit dem Pressen und man hat preiswert eingekauft. Genauso kann man mit Resten von Wein verfahren. Wein in Eiswürfel einfrieren, so hat man ständig Wein zum Verfeinern von Soßen.
(Frau Pfannkuchen aus Mainz-Gonsenheim)

Für jede diätbewußte Kuchenliebhaberin: Auch an der Schlagsahne, die man ja immer auf einer Kaffeetafel stehen haben möchte, läßt sich sparen. Führt man während des Sahneschlagens einfach nach und nach Eiweiß hinzu, bekommt die Sahne mehr Volumen und wird insgesamt lockerer. Ein Eiweiß reicht jeweils für einen halben Liter Sahne. Die auf diese Weise geschlagene Sahne hat, stellt man das Volumen von normaler Schlagsahne gegenüber, wesentlich weniger Kalorien.
(Frau Waltraud Bott aus Bachrain Künzell)

Falls man beim Zubereiten weder Zahnstocher noch Faden zur Verfügung hat, gibt es eine andere Art, wie man die Kohlrouladen fest zusammenhalten kann. Man lege die fertig mit Hackfleisch gefüllte Kohlroulade in ein dünnes Tuch, dreht es fest zusammen und nimmt sie wieder raus. So bleibt die Kohlroulade beim Anbraten fest zusammen, ohne daß man einen Faden zum Wickeln braucht.
(Frau Marie Kratz aus Rodgau 2)

Das besondere Rezept

Orientalische Erdbeer-Soufflés

Rezept für 4 Personen

Das braucht man

Soufflé:

20 g Butter, 2 EL Zucker zum Ausstreuen, 4 Eier, 2 EL Milch, Schale von 1 Zitrone, 2 EL Zitronensaft, 120 g Fruchtzucker, 1 Packung Vanillinzucker, 1 Prise Salz, 100 g Mohn (frisch gemahlen)

Püree:

50 g Erdbeeren, 50 g Fruchtzucker, 2 EL Himbeergeist, 2 EL Himbeersirup

So macht man's

1. Soufflé-Förmchen (je 1/8 l Inhalt) mit Butter ausstreichen und gut bis zum Rand mit Zucker ausstreuen. Den Backofen auf 175 Grad (Gasstufe 2) vorheizen.
2. Eigelb, Milch, Zitronenschale und -saft, 75 g Zucker und den Vanillinzucker mit den Quirlen des Handrührgerätes schaumig-cremig aufschlagen.
3. Eiweiß, Salz und den restlichen Zucker zu steifem Schnee schlagen. Eigelbmasse und Mohn vermengen und den Eischnee unterheben. Die Masse in die vorbereiteten Förmchen (bis etwa fingerbreit unterhalb des Randes) einfüllen. Förmchen auf der 2. Einschubleiste von unten in den Backofen schieben und die Soufflés 35 Minuten backen.
4. In der Zwischenzeit die Erdbeeren waschen, dann das Grün entfernen.
5. Beeren grob zerkleinern und durch ein Sieb streichen.
6. Das Erdbeerpüree mit dem Fruchtzucker, dem Himbeergeist und dem Himbeersirup abschmecken, bis zum Verzehr kalt stellen.
7. Die Mohn-Soufflés aus dem Ofen nehmen und sofort mit dem Erdbeerpüree servieren.

Das Mehrwertrezept

Erdbeervollwertklößchen

Rezept für 4 Personen

Das braucht man

Für die Klöße:

¼ l Milch, 50 g Butter, 1 Prise Jodsalz,
200 g Weizenschrot, 50 g gemahlene süße Mandeln,
1 Prise Zimt, 1 Prise Gewürznelken gemahlen, 2 Eier,
1 l Wasser, 1 Prise Jodsalz
Zum Bestreuen: 4 EL gehackte Mandeln

Für die Sauce:

200 g Erdbeeren, 25 g Fruchtzucker, 1 EL Himbeersirup

So macht man's

1. Milch und Butter langsam zum Kochen bringen. Die Prise Salz hinzugeben.
2. Weizenschrot und Mandeln einrühren, circa 25 Minuten bei wenig Hitze quellen lassen.
3. Nacheinander die Gewürze und die Eier unterrühren, nochmals unter ständigem Rühren erhitzen, bis die Masse gleichmäßig und geschmeidig ist.
4. Das Wasser mit dem Salz aufkochen.
5. Mit kleinen Löffeln Klößchen abstechen und im köchelnden Salzwasser circa 15 Minuten garziehen lassen.
6. Die Erdbeeren unter fließendem Wasser kurz waschen, putzen und vierteln.
7. Zusammen mit dem Puderzucker in der Küchenkompaktmaschine zu einem Fruchtpüree mixen. Mit dem Himbeersirup abschmecken.
8. Die gehackten Mandeln auf Alufolie im vorgeheizten Backofen bei 200 Grad goldbraun werden lassen.
9. Die Erdbeersauce auf den Teller geben. Die Klöße aus dem Wasser nehmen, gut abtropfen lassen und in die Sauce geben. Mit den frisch gerösteten Mandeln bestreuen.

Außenseiter in der Küche

Vollwertreis mit Erdbeersauce

Rezept für 4 Personen

Das braucht man

160 g Vollwertreis, 4 EL Birnendicksaft, 4 EL Crème fraîche, 4 EL Sahne, 2 Eigelb, 2 Eischnee

Für die Sauce:

250 g vollreife Erdbeeren, 2 EL Birnendicksaft, 1 EL Zitronensaft, 1 Prise gemahlenen Ingwer, evtl. pflanzliches Bindemittel

So macht man's

1. Den Reis nach Vorschrift – wie gewohnt garen – abtropfen lassen.
2. Den Birnendicksaft und die Crème fraîche hinzufügen und mit dem Reis kurz aufwallen lassen.
3. Eigelb und Sahne verrühren und beifügen, kurz einkochen lassen.
4. Den steifgeschlagenen Eischnee nach dem Erkalten unterheben.
5. In eine mit Wasser ausgespülte Form geben, im Kühlschrank fest werden lassen.
6. Die vollreifen Erdbeeren waschen, putzen, pürieren und durch ein Sieb streichen, mit dem Birnendicksaft kurz aufkochen lassen.
7. Den gemahlenen Ingwer mit dem Zitronensaft verrühren und hinzufügen.
8. Das pflanzliche Bindemittel bis zur gewünschten Konsistenz nach dem Kochen hinzufügen und die Sauce kalt werden lassen.
9. Den Reis aus der Form stürzen und mit der Erdbeersauce überziehen.

Die 5-Tage-Blitzdiät: Kiwidiät

Viele Kuren, die schlank machen, machen häufig auch krank. Mit dieser Kiwidiät kann man sogar noch etwas für seine Gesundheit tun. Denn außer dem Abnehmeffekt (2–3 Pfund in einer Woche bei 1.000 Kalorien täglich) erhält man gleichzeitig noch einen tüchtigen Vitamin-C-Stoß.

Vitamin C hat auf viele Körperfunktionen eine sehr positive Wirkung. Es wird in größeren Mengen benötigt

- In Streßsituationen. Bei Streß werden die Muskeln, die Nerven, das Blut und verschiedene Organe verstärkt aktiviert, d. h. der Körper wird in einen extremen Spannungszustand versetzt, dabei wird u. a. Vitamin C in größeren Mengen verbraucht und benötigt. Es sorgt dafür, daß in solchen Situationen die Erholungsphase verkürzt und die Konzentrationsfähigkeit gesteigert wird.
- Zur Stärkung des Immun-(Abwehr-)Systems. Vitamin C erhält neben Vitamin A und E die Zell- und Gewebefunktionen aufrecht. Es aktiviert vor allem die weißen Blutkörperchen, die Krankheitserreger abwehren bzw. bekämpfen.
- Zur beschleunigten Ausscheidung von Schwermetallen – immer mehr Nahrungsmittel sind mit Cadmium, Blei und anderen schädigenden Substanzen belastet.
- Zur Herabsetzung der Krebsgefahr – Vitamin C hat eine hemmende Wirkung auf die Umwandlung von Nitrat zu krebserregenden Nitrosaminen.
- Zur Bildung von Kollagen, das die wichtige stützende Struktur der Haut bildet – wichtig für eine geschmeidige, straffe Haut.
- Zur besseren Eisenaufnahme und -verwertung – ein Problem, das vor allem Frauen betrifft.
- Zur Blutgerinnung und einer beschleunigten Wundheilung – das ist nicht nur vor bzw. nach Operationen sehr wichtig.
- Zur Vorbeugung gegen Zahnfleischbluten und -schwund.
- Zur Regulierung der körpereigenen Cholesterin-Bildung.
- Zur Stärkung der Gefäße, insbesondere der haarfeinen – ganz wichtig für alle, die Probleme mit einem zu hohen Cholesterin-Spiegel haben.

1. TAG

Morgens
Orangen-Knäcke mit Kiwi

Zutaten:

1/3 Ecke Doppelrahm-Frischkäse (20 g)	70
1 TL Orangenmarmelade (10 g)	30
2 Scheiben Vollkorn-Weizen-Knäckebrot	75
1 Neuseelandkiwi (75 g)	45

Zubereitung:
Den Frischkäse mit der Orangenmarmelade gut verrühren. Dann die Knäckebrote damit bestreichen. Die Neuseelandkiwi schälen und in dünne Scheiben schneiden. Auf den Knäckebrotscheiben verteilen.

Getränk:
Kaffee oder Tee.

Zwischendurch

1 große Karotte (150 g)

Mittags
Milchreis mit Kiwi und Pfirsich

Zutaten:

Knapp 0,2 l fettarme Milch (1,5% Fett)	90
Salz	–
1 Stück unbehandelte Zitronenschale	–
3 EL Rundkornreis (35 g)	125
1 EL Crème fraîche (30% Fett)	45
1 kleines Stück Vanilleschote	–
flüssiger Süßstoff	–
1 Neuseelandkiwi (75 g)	45
1 Pfirsich (150 g)	60

Zubereitung:
Die Milch mit 1 Prise Salz und etwas Zitronenschale einmal aufkochen lassen. Dann den Reis hinzufügen und bei geringer Hitzezufuhr ca. 25 Minuten quellen lassen, dabei ab und zu umrühren. Inzwischen die Neuseelandkiwi schälen und in Scheiben schneiden, vierteln. Den Pfirsich halbieren, entkernen und in Spalten schneiden. Die Crème fraîche unter den gegarten Reis rühren. Mit ausgekratztem Vanillemark und Süßstoff abschmecken, die Früchte locker unterheben. Warm essen.

Zwischendurch
Kiwi-Biskuits

Zutaten:

3 Löffelbiskuits	60
1 Neuseelandkiwi (75 g)	45
Zitronensaft	–
gemahlener Ingwer	–
flüssiger Süßstoff	–

Zubereitung:
Die Löffelbiskuits nebeneinander auf einen Dessertteller legen. Die Neuseelandkiwi schälen, in grobe Stücke schneiden und mit einer Gabel fein zerdrücken. Dann mit etwas Zitronensaft und Ingwer abschmecken. Je nach Geschmack noch mit wenig Süßstoff süßen. Das Kiwipüree gleichmäßig auf den Löffelbiskuits verteilen. Zugedeckt kurz kühl stellen.

Abends
Kiwi-Eisbergsalat

Zutaten: (4 Portionen)
1 fester Kopf Eisbergsalat, 3 Mandarinen, 3 Neuseelandkiwis von je 100 g, 50 g Roquefortkäse, 5 EL süße Sahne, 1 EL saure Sahne, Zitronensaft, Salz, weißer Pfeffer aus der Mühle, 25 g Haselnußblättchen.

Zubereitung:
Den Eisbergsalat zerpflücken, große grüne Blätter entfernen, die hellen Innenblätter waschen und gründlich abtropfen lassen. Dann in mundgerechte Stücke zerteilen. Mandarinen schälen, die Stücke trennen und eventuell häuten. Kiwis ebenfalls schälen und in Scheiben schneiden. Salatblätter, Mandarinenstücke und Kiwischeiben vermischen und in eine Glasschale geben. Den Roquefort mit einer Gabel zerdrücken, mit süßer und saurer Sahne und Zitronensaft nach Geschmack zu einer glatten Sauce verrühren. Mit Salz und Pfeffer abschmecken und in der Mitte über den Salat gießen. Mit den Haselnußblättchen bestreuen und erst bei Tisch mischen. Der Salat kann mit kaltem Braten oder Scheiben von gekochter Pökelzunge als Vorspeise oder als Beilagensalat zu hellen Braten aller Art gereicht werden.

Ich wiege heute:

Gesamt Kcal:	935
Gesamt Kj:	3.915

2. TAG

Morgens
Vollkornbrot mit Kiwi-Konfitüre

Zutaten:

1 kleine Scheibe Vollkornbrot (40 g)	80
5 g (1 TL) Butter/Margarine	40
1 Neuseelandkiwi (75 g)	45
1 TL flüssiger Honig (10 g)	30
1 TL geröstete Sesamsamen (5 g)	30

Zubereitung:
Das Brot dünn mit Butter oder Margarine bestreichen. Die Neuseelandkiwi schälen, in grobe Stücke schneiden und mit einer Gabel zerdrücken. Dann den Honig unterrühren. Das Brot damit bestreichen. Zuletzt den Sesam (in einer beschichteten Pfanne ohne Fett goldgelb rösten) gleichmäßig darüberstreuen.

Getränk:
Kaffee oder Tee

Zwischendurch
2 kleine Aprikosen (125 g)

Mittags
Apfel-Kiwi-Leber mit Majoran

Zutaten:

1 kleiner Neuseelandapfel (100 g)	50
1 Neuseelandkiwi (75 g)	45
125 g Kalbsleber	165
10 g (2 TL) Butter/Margarine	80
Salz, Pfeffer	–
Majoran	–
trockener Weißwein	10

Zubereitung:
Den Neuseelandapfel mit einem Apfelausstecher entkernen und in dünne Ringe schneiden. Die Neuseelandkiwi schälen und in Scheiben schneiden. Von der Kalbsleber die Sehnen entfernen. Dann kurz mit kaltem Wasser überbrausen und mit Küchenkrepp gut trockentupfen. 1 TL Butter oder Margarine in einer beschichteten Pfanne erhitzen. Die Leber bei geringer Hitze auf beiden Seiten je 2 Minuten darin braten. Dann salzen, pfeffern und warm stellen. Die restliche Butter zum Bratfett geben und schmelzen lassen. Die Apfelringe hinzufügen und unter Rühren 2–3 Minuten darin braten. Dann die Neuseelandkiwi dazugeben und etwas Wein zugießen. Ganz kurz miterhitzen. Die Leber hinzufügen und alles mit fein gehacktem Majoran würzen und abschmecken. Heiß essen.

Ich wiege heute:

Zwischendurch
Melone mit Kiwi-Sauce

Zutaten:

1 reife Neuseelandkiwi (75 g)	45
Zitronensaft	-
½ Melone (200 g)	50
1 TL geröstete Sesamsamen (5 g)	30

Zubereitung:
Die Neuseelandkiwi schälen, in grobe Stücke schneiden und mit einer Gabel fein zerdrücken. Mit ein paar Tropfen Zitronensaft aromatisieren. Die Melone in Spalten schneiden, dann schälen. Auf einem Teller anrichten und die Neuseelandkiwi-Sauce darüberträufeln. Zuletzt den Sesam (in einer beschichteten Pfanne ohne Fett goldgelb rösten) darüberstreuen.

Abends
Kiwi-Grütze mit Schlemmersauce

Zutaten: (4 Potionen)
500 g Neuseelandkiwis (ca. 5 Stück), ¼ l Weißwein, 40 g Speisestärke, ¼ l Apfelsaft, 70 g Zucker, 1 Stück dünn abgeschälte Schale von einer unbehandelten Orange, Mark von ½ Vanilleschote, 1 Gläschen Curaçao (2 cl), 1 Becher Crème fraîche (150 g), 4 EL Eiercognac, 1 TL Vanillinzucker.

Zubereitung:
Kiwis schälen, vier halbe Scheiben schneiden und für die Garnitur zurückbehalten. Alle anderen Früchte längs vierteln und in kleine Stücke schneiden. Vom Wein 3 EL voll abnehmen und damit die Spreisestärke anrühren. Den Rest zusammen mit Apfelsaft, Zucker, Orangenschale und Mark der Vanilleschote zum Kochen bringen, mit der angerührten Speisestärke binden und gut durchkochen lassen. Topf zur Seite ziehen, die Orangenschale herausfischen und Curaçao hinzufügen. Die Masse Etwas abkühlen lassen. Etwa zwei Drittel der vorbereiteten Kiwis nur ganz kurz im Mixer pürieren, damit die schwarzen Kernchen nicht zerschlagen werden. Fruchtpüree und die kleingeschnittenen Kiwis zu dem angedickten Saft geben, gut vermischen. Die Masse in vier Glaskelche oder -schälchen füllen und kaltstellen. Für die Schlemmersauce Crème fraîche mit Eiercognac glattrühren und mit Vanillinzucker abschmecken. Die Sauce zum Servieren auf die Kiwi-Grütze füllen und mit je einer halben, zurückbehaltenen Kiwischeibe garnieren.

Gesamt Kcal:	1.145
Gesamt Kj:	4.784

3. TAG

Morgens
Kiwi-Müsli

Zutaten:

2 EL Crème fraîche (30 % Fett)	90
1 TL flüssiger Honig (10 g)	30
Zitronensaft	–
Minze	–
1 Neuseelandkiwi (75 g)	45
1 Scheibe Vollkorn-Weizen-Knäckebrot	40

Zubereitung:
Die Crème fraîche mit dem Honig und etwas Zitronensaft verrühren. Mit feingehackter Minze abschmecken. Die Neuseelandkiwi schälen und in Scheiben schneiden. Dann achteln und unterheben. Mit dem Knäckebrot anrichten.

Getränk:
Kaffee oder Tee

Zwischendurch

1 große Karotte (150 g)

Mittags
Kiwi-Puten-Curry mit Reis

Zutaten:

2 EL Reis (25 g)	85
1 kleines Putenschnitzel (125 g)	145
Salz, Pfeffer	–
Curry	–
5 g (1 TL) Butter/Margarine	40
2 EL trockener Weißwein	10
1 EL Crème fraîche (30 % Fett)	45
1 Neuseelandkiwi (75 g)	45

Zubereitung:
Den Reis nach Vorschrift körnig garen. Das Putenschnitzel rundum mit wenig Salz, Pfeffer und Curry einreiben und in feine Streifen schneiden. Die Butter in einer beschicheten Pfanne erhitzen. Das Putenfleisch hinzufügen und unter Rühren 3 – 4 Minuten darin braten. Dann den Wein dazugießen und den Bratensatz damit loskochen. Die Crème fraîche unterrühren und kräftig mit Curry abschmecken. Die Neuseelandkiwi schälen und in Scheiben schneiden, halbieren oder vierteln. Zuletzt dazugeben und noch einmal kurz erhitzen. Dazu den Reis essen.

Ich wiege heute:

Zwischendurch
Kiwi-Apfel-Salat mit Sesam

Zutaten:

1 Neuseelandkiwi (75 g)	45
1 kleiner Neuseelandapfel (100 g)	55
Zitronensaft	–
flüssiger Süßstoff	–
gemahlener Zimt	–
1 TL geröstete Sesamsamen (5 g)	30

Zubereitung:
Die Neuseelandkiwi schälen und in Scheiben schneiden, achteln. Den Neuseelandapfel vierteln, entkernen und blättrig schneiden. Vorsichtig mischen und mit etwas Zitronensaft beträufeln. Je nach Geschmack mit etwas Süßstoff süßen. Mit Zimt bestäuben und den Sesam darüberstreuen.

Abends
Kiwi-Halbmonde mit Heidelbeermousse

Zutaten: (12 Portionen)
Für die Heidelbeermousse
12 Blatt weiße Gelatine, 600 g Heidelbeeren, 90 g Zucker, 2 EL Zitronensaft, 270 ml Sahne (30 %).
Für die Kiwi-Halbmonde
300 g Marzipanrohmasse, 3 EL Limonensaft, abgeriebene Schale einer Limone, 1 TL Safranpulver, 12 Kiwis.

Zubereitung:
Heidelbeeren mit Zucker und Zitronensaft pürieren, die aufgelöste Gelatine unterrühren. Sobald die Masse anfängt zu gelieren, die Sahne steifschlagen und unterheben. Kühl stellen. Für die Kiwi-Halbmonde die Marzipanrohmasse mit Limonensaft und -schale sowie Safran vermengen. Kiwis schälen, in Scheiben schneiden. 36 Kiwi-Scheiben mit der Marzipanmasse bespritzen, die restlichen Kiwi-Scheiben halbieren und mit der Rundung in das Marzipan setzen. Von der Heidelbeermousse mit 2 Eßlöfeln Nocken abstechen und mit den Kiwi-Halbmonden anrichten.

Gesamt Kcal:	1.060
Gesamt Kj:	4.255

4. TAG

Morgens
Kiwi und Banane mit Frischkäse

Zutaten:

1 Neuseelandkiwi (75 g)	45
1 kleine Banane (100 g)	80
Zitronensaft	-
1/3 Ecke Doppelrahm-Frischkäse (20 g)	70
1 TL flüssiger Honig (10 g)	30
gemahlener Zimt	-

Zubereitung:
Die Neuseelandkiwi und die Banane schälen und in dünne Scheiben schneiden. Das Obst vermischen und mit ein paar Tropfen Zitronensaft beträufeln. Den Frischkäse mit einer Gabel zerbröckeln und darüberstreuen. Den Honig gleichmäßig darüberträufeln. Zuletzt mit gemahlenem Zimt bestäuben.

Getränk:
Kaffee oder Tee

Zwischendurch

1 große Karotte (150 g)

Mittags
Gebratener Fisch mit Kiwi-Orangen-Sauce

Zutaten:

Für die Neuseelandkiwi-Orangen-Sauce	
1 Neuseelandkiwi (75 g)	45
1 kleine Orange (100 g)	45
5 g (1 TL) Butter/Margarine	40
Minze	-
Für den gebratenen Fisch	
1 Scheibe Goldbarschfilet (150 g)	155
Salz, Pfeffer	-
fettarme Milch (1,5 % Fett)	-
1 EL Mehl (10 g)	35
5 g (1 TL) Butter/Margarine	40

Zubereitung:
Zuerst die Neuseelandkiwi und die Orange schälen. Von der Orange auch die weiße Haut sorgfältig entfernen. Dann beides würfeln oder die Neuseelandkiwi in Scheiben schneiden, halbieren und beiseite stellen. Das Fischfilet kurz mit kaltem Wasser überbrausen. Mit Küchenkrepp gut trockentupfen und beidseitig würzen. Zuerst in der Milch und dann im Mehl wenden. Das Fett in einer beschichteten Pfanne erhitzen. Den Fisch darin auf beiden Seiten je 5 Minuten braten. Herausnehmen und warm stellen. Für die Kiwi-Orangen-Sauce die Butter zum restlichen Bratfett geben und schmelzen. Die Kiwi- und die Orangenwürfelchen hinzufügen und unter Rühren kurz erhitzen. Etwas feingehackte Minze unterrühren und dic Sauce eventuell nachwürzen. Den Fisch mit der Sauce anrichten.

Ich wiege heute:

Zwischendurch
Kiwi-Melonen-Salat

Zutaten:

1 Neuseelandkiwi (75 g)	45
1/2 Melone (200 g)	50
1 TL flüssiger Honig (10 g)	30
1 - 2 TL Zitronensaft	-
Minze	-

Zubereitung:
Die Neuseelandkiwi schälen und in Scheiben schneiden, dann vierteln. Das Melonenfleisch mit einem Kugelbohrer aus der Melonenhälfte herauslösen. Dann beides vermischen. Den Honig mit dem Zitronensaft und etwas feingehackter Minze verrühren und über den Fruchtsalat träufeln. Gut gekühlt essen.

Abends
Bratäpfel mit Kiwi-Sauce

Zutaten: (4 Portionen)
1/4 l Orangensaft, 40 g Zucker, 1/4 Vanilleschote, 4 Boskop-Äpfel, 30 g Butter, 3 Neuseelandkiwis von je 100 g, 3 EL trockener Weißwein, 1 Prise gemahlenen Zimt, 25 g Mandelstifte.

Zubereitung:
Orangensaft, Zucker, das ausgeschabte Vanillemark und die Vanilleschote in einem Stieltopf bei starker Hitze unter Rühren zu einem Sirup einkochen lassen. Äpfel schälen, von Blüten- und Stengelansätzen befreien und die Kerngehäuse entfernen. Eine kleine feuerfeste Form mit Butter einstreichen, die Äpfel hineinsetzen, mit dem Orangensirup übergießen und die restliche Butter in Flöckchen darauf verteilen. Die Äpfel in dem auf 200 °C (Gas Stufe 3) vorgeheizten Backofen 15 Minuten weich dünsten. Nebenher die Kiwis schälen, grob würfeln, mit Weißwein und Zimt in den Mixer geben und kurz zu einem Püree verarbeiten. Die Mandelstifte in einer beschichteten Pfanne ohne Fettzugabe goldbraun rösten. Die Äpfel aus der Form nehmen, auf einem vorgewärmten Teller anrichten, mit dem Kiwi-Püree übergießen und mit den Mandeln bestreuen. Die Bratäpfel entweder mit halbsteif geschlagener Sahne als Dessert reichen oder nur mit der Kiwi-Sauce als Beilage zu Wildgerichten aller Art servieren.

Gesamt Kcal:	1.005
Gesamt Kj:	4.211

5. TAG

Morgens
Fruchtige Knäckeschnitten

Zutaten:

2 Scheiben Weizen-Vollkorn-Knäckebrot	75
1/3 Ecke Doppelrahm-Frischkäse (20 g)	70
1 Neuseelandkiwi (75 g)	45
100 g Erdbeeren	35

Zubereitung:
Die Knäckebrotscheiben dünn mit Frischkäse bestreichen. Die Neuseelandkiwi schälen. Die Erdbeeren kurz überbrausen und entstielen. Das Obst in dünne Scheiben schneiden. Die Knäckebrote damit belegen.

Getränk:
Kaffee oder Tee

Zwischendurch
1 Pfirsich (150 g)

Mittags
Pfannkuchen mit Kiwi und Banane

Zutaten:

Für die Füllung	
1 Neuseelandkiwi (75 g)	45
1 kleine Banane (100 g)	80
Zitronensaft	–
5 g (1 TL) Butter/Margarine	40
Für den Pfannkuchen	
1 Eigelb	70
4 EL fettarme Milch (1,5 % Fett)	20
1 TL Zucker (5 g)	20
gemahlener Zimt	–
1 EL Mehl (15 g)	55
5 g (1 TL) Butter/Margarine	40

Zubereitung:
Die Neuseelandkiwi und die Banane schälen und in Scheiben schneiden. Die Kiwi-Scheiben nochmal vierteln. Dann die Früchte mit etwas Zitronensaft beträufeln und beiseite stellen. Für den Pfannkuchen das Eigelb mit der Milch, dem Zucker und etwas Zimt verrühren. Dann das Mehl gut unterrühren. Das Fett in einer beschichteten Pfanne erhitzen. Den Pfannkuchenteig hineingießen und auf beiden Seiten goldgelb backen. Auf einen Teller gleiten lassen und mit Alufolie zugedeckt warm stellen. Für die Füllung die Butter ebenfalls in einer beschichteten Pfanne erhitzen. Die Neuseelandkiwi und die Banane hinzufügen unt etwa 1 Minute darin braten. Anschließend auf den Pfannkuchen verteilen und aufrollen, mit etwas Zimt bestäuben. Heiß essen.

Zwischendurch
Kiwi mit Baiserhaube

Zutaten:

1 Neuseelandkiwi (75 g)	45
100 g Erdbeeren	35
5 g (1 TL) Butter/Margarine	40
1 Eiweiß	15
Zitronensaft	–
flüssiger Süßstof	–

Zubereitung:
Die Neuseelandkiwi schälen und in dünne Scheiben schneiden, eventuell nochmal halbieren. Die Erdbeeren kurz überbrausen, entstielen und ebenfalls in Scheiben schneiden. Eine feuerfeste kleine Form dünn mit Butter ausstreichen. Die Kiwi- und die Erdbeerscheiben abwechselnd hineinlegen. Das Eiweiß mit ein paar Tropfen Zitronensaft steif schlagen. Etwas Süßstoff vorsichtig unterrühren. Dann den Eischnee gleichmäßig auf den Früchten verteilen und unter dem vorgeheizten Grill goldbraun überbacken.

Abends
Gourmet-Salat mit Kiwi-Sauce

Zutaten: (4 Portionen)
4 Neuseelandkiwis (à ca. 100 g), 1 Fenchelknolle mit Grün (ca. 200 g), 1 rote Paprikaschote (ca. 150 g), 1 Zucchini (ca. 200 g), 3 Frühlingszwiebeln (ca. 150 g);
Sauce: 2 Neuseelandkiwis (à ca. 100 g), 2 EL trockener Sherry, 1 EL feines Öl (z. B. Nußöl), 1 EL Zitronensaft, 1 Eigelb, 4 EL Crème fraîche, 1 TL Honig, 1 Messerspitze Cayennepfeffer, Salz nach Geschmack.

Zubereitung:
Kiwis schälen und in Scheiben schneiden. Fenchel putzen, waschen, vierteln, quer in Scheiben schneiden, etwas Grün feinhacken und beiseite legen. Paprikaschote putzen, waschen, in dünne Ringe oder Streifen schneiden. Zucchini besonders gut waschen, mit der Schale in dünne Scheiben schneiden. Die Knollen der Frühlingszwiebeln von den Deckblättern befreien, in dünne Ringe schneiden. Alle Zutaten locker vermengen. Für die Sauce die Kiwis schälen, grob zerschneiden, im Mixer schnell pürieren, durch ein Sieb streichen, mit Sherry, Öl und Zitronensaft verrühren. Eigelb mit Crème fraîche verrühren und dazugeben, alles schaumig rühren, mit Honig, Cayennepfeffer und Salz abschmecken. Die Sauce unter die Salatzutaten heben und den Salat nach kurzem Durchziehen, mit gehacktem Fenchelgrün bestreut, servieren. Kalter Braten, geräucherter Fisch oder feiner Schinken passen gut zu diesem Salat.

Ich wiege heute:

Gesamt Kcal:	1.053
Gesamt Kj:	4.407

Das besondere Rezept

Bratäpfel mit Kiwi-Sauce

Rezept für 4 Personen

Das braucht man:

¼ l Orangensaft
40 g Zucker
½ Vanilleschote
4 säuerliche Äpfel
3 Kiwi
3 EL trockenen Weißwein
1 Msp gemahlenen Zimt
2 EL Mandelstifte

So macht man's:

1. Orangensaft, Zucker, Vanillemark und Vanilleschote in einem Topf zu einem Sirup kochen.
2. Äpfel schälen, mit einem Apfelausstecher das Kerngehäuse entfernen.
3. Äpfel in eine gefettete Auflaufform geben mit dem Orangensirup überziehen und im vorgeheizten Backofen bei 200 Grad circa 15 Minuten weichdünsten.
4. Alle 5 Minuten die Äpfel neu mit Sirup begießen.
5. Nebenher Kiwis schälen, würfeln, mit Weißwein und Zimt pürieren.
6. Mandelstifte in einer beschichteten Pfanne goldbraun rösten.
7. Äpfel zusammen mit Sirup auf dem Teller anrichten, Kiwisauce zugeben und mit Mandelstiften garnieren.

Das Mehrwertrezept

Kiwi-Grütze mit Schlemmersauce

Rezept für 4 Personen

Das braucht man:

500 g Kiwis (5–6 Stück)
1/4 l Weißwein
35 g Perlsago
1/4 l Apfelsaft
70 g Fruchtzucker
abgeriebene Schale 1 Orange
1 Vanilleschote
1 Becher Crème fraiche
2 cL Eierlikör
1 TL Vanillezucker

So macht man's:

1. Kiwis schälen, eine als Garnitur zurückbehalten, den Rest vierteln und würfeln.
2. Apfelsaft mit Wein, Zucker, abgeriebener Orangenschale, Vanillemark aufkochen, Sago zugeben und unter ständigem Umrühren bei leichter Hitze circa 3/4 Stunde quellen lassen.
3. Die Grütze auskühlen lassen.
4. Die gewürfelten Kiwi kurz pürieren, zur abgekühlten Grütze geben, mit Curacao abschmecken und kaltstellen.
5. Aus Crème fraiche, Eierlikör und Vanillezucker eine leichte Schlemmersauce rühren.
6. Die geschälte Kiwi in Scheiben schneiden, die Grütze anrichten, mit den Scheiben garnieren, mit der Schlemmersauce zusammen servieren.

Außenseiter in der Küche

Rettich-Carpaccio

Rezept für 4 Personen

Das braucht man

Für das Carpaccio:
1 großen Rettich
1 Bund Radieschen
100 g Portulak (oder kleine Kopfsalatblätter)
200 g Rettichsprossen
4 kleine Schalotten
4 kleine runde Harzer Käse

Für die Sauce:
4 EL Weißweinessig
1 Tasse Sonnenblumenöl
Weißen Pfeffer aus der Mühle
Meersalz aus der Mühle
4 Vollkornbrötchen
etwas Butter für die Brötchen

So macht man's

1. Rettich schälen, Radieschen waschen und putzen. Beides mit einem Gurkenhobel in feine Scheiben hobeln.
2. Drei Schalotten in Ringe, eine in feine Würfel schneiden.
3. Den Salat waschen, putzen und verlesen.
4. Essig, Salz und Pfeffer in eine Schüssel geben, das Öl langsam unterrühren, bis die Sauce leicht sämig wird.
5. Käselaibe in eine Schüssel geben, mit den in Scheiben geschnittenen Schalotten bestreuen und etwas Sauce marinieren. Ein bis zwei Stunden ziehen lassen.
6. Ein Viertel der Rettichsprossen und die gewürfelte Schalotte zur restlichen Sauce geben.
7. Einen dunklen Teller mit Rettichscheiben auslegen, leicht salzen, mit der Sauce bestreichen.
8. Radieschen und Salatblätter kurz mit etwas Sauce anmachen, in der Mitte auf den Rettich geben.
9. Den eingelegten Käse auf die Salatblätter geben, mit Schalottenscheiben und Rettichsprossen belegen.
10. Die restlichen Rettichsprossen kurz mit der Sauce marinieren und die Teller damit garnieren.

Die 5-Tage-Blitzdiät: Weintraubendiät

Weintrauben wachsen wild oder veredelt in aller Welt, doch gilt Europa als der eigentliche Weingarten. So ist die Traubendiät sicherlich die älteste Obstdiät, denn Trauben sind ein Gesundheitsbrunnen erster Güte. Außerdem haben sie ein hervorragendes Aroma und sind sehr dekorativ.

Aus folgenden Gründen sind Weintrauben ernährungsphysiologisch eine sehr wertvolle Frucht:

- sie haben auf 100 g nur 73 kcal
- sämtliche klassischen Vitamine kommen vor
- sie sind reich an Traubenzucker, welcher direkt zur Energieverwertung vom menschlichen Körper herangezogen wird
- der Phosphor-, Calcium- und Eisengehalt ist beachtlich
- Trauben regen die Nierentätigkeit und vor allen Dingen durch Schalen und Kerne auch die Verdauungstätigkeit an
- sie enthalten wertvolle Fruchtsäure, die den Stoffwechsel anregen und Fett abbauen hilft.

Aber nicht nur frisch sind Weintrauben eine Köstlichkeit. Als Trockenobst – Rosinen, Korinthen, Sultaninen – sind sie fester Bestandteil der Vollwertküche. Da die Weintrauben gespritzt werden, sollte man sie auf jeden Fall vor dem Verzehr mit lauwarmem Wasser gut abwaschen.

1. TAG

Frühstück:
Wahlweise Kaffee, Tee oder Kräutertee mit Süßstoff gesüßt
1 Scheibe Vollkornbrot mit dünnem Margarineaufstrich
1 Scheibe mageren, rohen Schinken
1 Scheibe Vollkornknäckebrot mit dünnem Margarineaufstrich
1 Tomate geviertelt, leicht gesalzen und gepfeffert
1 Gewürzgurke

1. Zwischenmahlzeit:
100 g Weintrauben

Mini-Mittag:
2 Scheiben Vollkorntoast mit dünnem Margarineaufstrich
2 dünne Scheiben kalter Kalbsbraten
1 Tl frischer, geriebener Meerrettich oder
1 Tl Kräutersenf
1 Bund frische Radieschen

Ich wiege heute:

2. Zwischenmahlzeit:
100 g Weintrauben

Abendessen:
Hähnchenbrust nach Winzer Art
Rezept für 1 Person
1 Hähnchenbrust (100 g) in einer beschichteten Pfanne anbraten, leicht Farbe nehmen lassen. 100 g Weintrauben halbieren, entkernen und hinzugeben, kurz warm werden lassen. Dann mit 1/2 Tasse heißer Fleischbrühe, 1/2 Tasse Weißwein angießen und mit etwas Speisewürze einkochen lassen. Mit weißem Pfeffer abschmecken. Danach mit pflanzlichem Diät-Bindemittel eindicken. Zum Schluß feingehackte Petersilie dazugeben.

Betthupferl:
100 g frische Weintrauben

Gesamt Kcal:	1.090
Gesamt Kj:	4.567

2. TAG

Frühstück:
Wahlweise Kaffee, Tee oder Kräutertee mit Süßstoff gesüßt
1 Scheibe Vollkornbrot mit dünnem Margarineaufstrich
1 Scheibe fettarmen Schnittkäse
1 große Karotte
1 Becher kalorienreduzierter Fruchtjoghurt

1. Zwischenmahlzeit:
100 g Weintrauben

Mini-Mittag:
1 Tasse Tomatencrèmesuppe (Fertigprodukt)
1 Scheibe Vollkornknäckebrot mit dünnem Margarineaufstrich
1 gebratene Hähnchenkeule

2. Zwischenmahlzeit:
100 g Weintrauben

Ich wiege heute:

Abendessen:
Rosenkohl mit Kasseler
Rezept für 1 Person
150 g Rosenkohl putzen, waschen und eventuell Strunk einschneiden. Leicht salzen und tropfnaß, in etwas Margarine weich dünsten. In einem kleinen Topf 1 Tl Margarine zergehen lassen und 1 kleine in Scheiben geschnittene Zwiebel glasig schwitzen. 1/2 Tasse Weißwein und 1/2 Tasse Rosenkohlwasser hinzugeben, aufkochen und mit kalorienarmem, pflanzlichen Diät-Bindemittel zur Sauce eindicken. Mit 2 EL feingeschnittenem Schnittlauch und etwas Muskatnuß abschmecken. Den Rosenkohl auf ein Sieb schütten, gut abtropfen, in die Zwiebelsauce geben und kurz heiß werden lassen. Drei mittelgroße Kartoffeln in der Schale garen und zusammen mit zwei dünnen, mageren Scheiben Kasseler als Beilage reichen.

Betthupferl:
100 g Weintrauben

Gesamt Kcal:	1.094
Gesamt Kj:	4.583

3. TAG

Frühstück:

Wahlweise Kaffee, Tee oder Kräutertee mit Süßstoff gesüßt
1 Scheibe Vollkornbrot mit dünnem Margarineaufstrich
1 Magerjoghurt
1 TL Rosinen 2 EL Vollkornflocken/geschrotetes Weizenkorn hinzugeben. 100 g frische Weintrauben unter die Müslimischung heben.

1. Zwischenmahlzeit:

100 g Weintrauben

Mini-Mittag:

1 Tasse Gemüsebrühe
3 Karotten raspeln, mit 1 EL Sonnenblumenöl, mit dem Saft ½ Zitrone und 1 Prise Zucker anmachen.
1 Scheibe Vollkornknäckebrot mit dünnem Margarineaufstrich

Ich wiege heute:

2. Zwischenmahlzeit:

100 g Weintrauben

Abendessen:
Hühnerfricassé

Rezept für 1 Person
100 g Hühnerbrust in Würfel schneiden, leicht salzen. 1 TL Margarine in einer Pfanne zergehen lassen. Das Fleisch dazugeben und leicht bräunen. 1 kleine, gewürfelte Zwiebel, ½ Tasse feingeschnittenen Lauch hinzugeben und circa 5 Minuten mitdünsten. Anschließend mit ½ Glas Weißwein ablöschen. 50 g Weintrauben halbieren, entkernen, zum Fleisch in die Pfanne geben und heiß werden lassen. Zum Schluß die Flüssigkeit mit pflanzlichem Diät-Bindemittel eindicken. Als Beilage 50 g Naturreis wie Risotto zubereiten.

Betthupferl:

100 g Weintrauben

Gesamt Kcal:	1.109
Gesamt Kj:	4.646

4. TAG

Frühstück:

Wahlweise Kaffee, Tee oder Kräutertee mit Süßstoff gesüßt
2 Scheiben Vollkornknäckebrot mit dünnem Margarineaufstrich
2 Scheiben Diätleberwurst
1 weichgekochtes Ei

1. Zwischenmahlzeit:

100 g Weintrauben

Mini-Mittag:

1 Tasse Spargelcrèmesuppe (Fertigprodukt)
1 große Schale rohes Sauerkraut mit 1 Prise Zucker, dem Saft einer ½ Zitrone und 1 TL Pflanzenöl anmachen.
1 Scheibe Vollkornknäckebrot mit dünnem Margarineaufstrich

2. Zwischenmahlzeit:

100 g Weintrauben

Ich wiege heute:

Abendessen:
Heilbutt mit Weißweinsauce

Rezept für 1 Person
150 g Heilbutt leicht salzen, pfeffern und mit ½ TL Worcestersauce und ½ TL Zitronensaft marinieren. In einer feuerfesten Form wird ½ Tasse Weißwein mit ½ Tasse Gemüsebrühe vermischt. Den Fond kurz aufkochen, den Fisch einlegen, circa ¼ Stunde leicht ziehen lassen.
Anschließend mit einem pflanzlichen Diät-Bindemittel eindicken. Drei Pellkartoffeln zusammen mit dem Fisch auf den Teller geben, die Sauce mit 1 TL frischen Dill verfeinern, über den Fisch geben und mit 1 Portion Blattsalat servieren.

Betthupferl:

100 g Weintrauben

Gesamt Kcal:	1.035
Gesamt Kj:	4.336

5. TAG

Frühstück:

Wahlweise Kaffee, Tee oder Kräutertee mit Süßstoff gesüßt
1 Scheibe Vollkornbrot mit dünnem Margarineaufstrich
2 Scheiben mageren Bierschinken
1 Scheibe Vollkornknäckebrot mit dünnem Margarineaufstrich
1/2 Salatgurke in dünne Scheiben geschnitten, leicht gewürzt

1. Zwischenmahlzeit:

100 g Weintrauben

Mini-Mittag:

1 Tasse Fleischbrühe
1 große Knolle Sellerie schälen, fein raspeln, mit einem Spritzer Sekt, dem Saft einer 1/2 Zitrone, mit 1 Prise Zucker und 1 TL Öl anmachen.
1 Scheibe Vollkornknäckebrot mit dünnem Margarineaufstrich

Ich wiege heute:

2. Zwischenmahlzeit:

100 g Weintrauben

Abendessen:
Winzeromelette

Rezept für 1 Person
Drei mittlere vorgegarte Pellkartoffeln schälen, in Würfel schneiden und in einer Pfanne mit wenig Fett, bei mittlerer Hitze goldgelb werden lassen. 1 feingewürfelte Zwiebel, 1 Tasse Suppengemüse hinzugeben und glasig werden lassen.
Anschließend einige gehackte Walnüsse und 50 g halbierte Weintrauben mitschwitzen.
1 Ei mit etwas Milch glattrühren, über den Pfanneninhalt geben und wie Rührei stocken lassen.

Betthupferl:

100 g Weintrauben

Gesamt Kcal:	1.066
Gesamt Kj:	4.466

Zuschauertips

Frischer Sommersalat schmeckt knackig frisch. Lagert man ihn jedoch falsch oder zu lange, wird er welk und unansehnlich. Welker Salat wird wieder frisch, wenn man die Blätter erst in eiskaltes Wasser taucht und dann eine Prise Zucker hinzufügt. Nach kurzer Zeit wieder herausnehmen und direkt verarbeiten.
(Herr Alexander Schäfer aus Kuttel/Ts.)

Kochbücher werden beim Kochen durch Fett- oder Saucenspritzer beschmutzt und sind nach mehrmaligem Gebrauch unansehnlich geworden. Wenn man jedoch eine Klarsichtfolie über die Kochbuchseiten legt, kann man das Rezept trotzdem lesen und das Buch bleibt immer sauber. Man sollte die Folie zwischen zwei Seiten klemmen, so braucht man nicht bei jedem Gebrauch des Kochbuches eine neue.
(Frau Astrid Grünewald aus Taunusstein 2)

Wenn man im Haushalt Zitronensaft benötigt, für die Schale aber zur Zeit keine Verwendung findet, reibt man die Zitrone ab und gibt die abgeriebene Schale in ein kleines Schraubglas. Man vermengt die Zitronenschale nun mit 2–3 Teelöffel Honig oder auch mit Zucker und hebt dieses Gemisch auf. Beim nächsten Backen steht die Zitronenschale bereit, aber die Zuckermenge kann etwas verringert werden.
(Herr Karl Günther aus Amberg)

Beim Eiertrennen gelangt – auch bei geübten Hausfrauen – oftmals Eigelb mit ins Eiweiß. Das Eiweiß läßt sich so nicht mehr steif schlagen, da zuviel Fett das Steifwerden verhindert. Mit einer Prise Salz und ein paar Tropfen Zitronensaft wird das Eiweiß trotzdem steif und die Speisen gelingen hervorragend.
(Frau Diana Kalski aus Heppenheim)

Das besondere Rezept

Weintraubenknödel

Rezept für 4 Personen

Das braucht man:

250 g Magerquark
20–25 große, fleischige Weintrauben
40 g Margarine
1 Prise Jodsalz
3 Eigelb
120–150 g Weizenvollkornmehl
3 EL Sonnenblumenöl

Für die Brösel:

3 EL Margarine
6 EL Vollkornsemmelbrösel

Für den Schaum:

1/8 l Traubensaft
3 Eigelb
Saft 1/2 Zitrone

Als Garnitur:

20 Weintrauben
2 EL gehackte Pistazienkerne

So macht man's:

1. Quark auf einem feinen Sieb gut abtropfen lassen.
2. Die Weintrauben unter fließendem Wasser abwaschen und abzupfen. Danach abtropfen lassen.
3. Margarine mit Jodsalz in einer Schüssel schaumig rühren, Eigelb nach und nach unterarbeiten.
4. Quark und gesiebtes Mehl zur Eimasse geben, mit dem Öl zu einem geschmeidigen Teig verarbeiten.
5. Jede Traube mit dem Quarkteig umhüllen, zu kleinen Knödeln abdrehen, in leicht gesalzenes, fast siedendes Wasser geben, etwa 8 Minuten ziehen lassen, bis sie aufgestiegen sind.
6. Mit einem Schaumlöffel herausnehmen und abtropfen lassen.
7. Margarine zergehen lassen, Brösel rösten, die Knödel darin wenden.
8. Traubensaft, Eigelb und Zitronensaft in einer Rührschüssel über einem Wasserbad zu einem cremigen Schaum aufschlagen.
9. Schaum und Knödel auf Tellern anrichten, mit halbierten Trauben und Pistazienkernen garnieren.

Das Mehrwertrezept

Aperitivsalat mit Blumenkohl

Rezept für 4 Personen

Das braucht man:

1 mittleren Kopf Blumenkohl
1 Prise Jodsalz
4 Tomaten
1 Zwiebel

Für die Sauce:

1 Becher Joghurt
3 EL kalorienreduzierte Mayonnaise
2 EL Obstessig
1 EL scharfen Senf
4 cl Eierlikör
1 Prise Jodsalz
Pfeffer aus der Mühle
1 Prise braunen Zucker
frisch geriebene Muskatnuß
½ Bund Basilikum

So macht man's:

1. Blumenkohl putzen, waschen und in Röschen zerteilen.
2. Die Röschen mit wenig Wasser bißfest garen.
3. Tomaten überbrühen, schälen, entkernen und in feine Streifen schneiden.
4. Zwiebel schälen, halbieren und fein würfeln.
5. Danach alle Zutaten in eine große Schüssel geben und vorsichtig mischen.
6. Für das Dressing Joghurt, Mayonnaise, Essig, Senf, Likör, Jodsalz, Pfeffer, Zucker und frische geriebene Muskatnuß verrühren.
7. Basilikumblätter waschen, in feine Streifen schneiden und zum Dressing geben.
8. Das Dressing über das Gemüse geben und circa ½ Stunde ziehen lassen.
9. Abschließend den Salat nochmals durchmischen, eventuell nachwürzen und durchziehen lassen.

Außenseiter in der Küche

Sojaburger

Rezept für 4 Personen

Das braucht man:

100 g Sojafleisch nach Hackfleischart (Trockengewicht)
3 EL Vollkornsemmelbrösel
4 EL Wasser
½ Zwiebel
1 TL Hefepaste, 3 TL Hefeflocken
1 EL feine Haferflocken
½ TL Paprikapulver edelsüß
1 Prise Muskatnuß
2 EL Sojasauce
1 g pflanzliches Bindemittel
1 Ei
2 Tomaten, ¼ Salatgurke
4 Vollkornbrötchen
4 Blätter Eisbergsalat

Zum Braten:
2 EL Kokosfett

So macht man's:

1. Sojafleisch laut Packungsbeilage wässern, abtropfen lassen und mit den Bröseln vermischen.
2. Zwiebeln fein hacken und in die Sojafleischmasse geben.
3. Mit Hefepaste, Hefeflocken, Haferflocken, Paprika, Muskat und Sojasauce abschmecken.
4. Mit pflanzlichem Diät-Bindemittel und einem Ei binden und dann 4 Frikadellen formen.
5. In einer Pfanne Kokosfett erhitzen und bei mittlerer Temperatur von jeder Seite circa 4–5 Minuten braten.
6. Tomaten und Gurken waschen und in Scheiben schneiden.
7. Brötchen halbieren mit gewaschenen Salatblättern, Tomaten- und Gurkenscheiben belegen.
8. Frikadelle auflegen und jeweils mit den anderen Brötchenhälften abdecken.

Die 5-Tage-Blitzdiät: Apfeldiät

Schon im Altertum wurde der hohe Wert des Apfels erkannt und auch zu Heilzwecken verwendet. Heute gibt es schon über 1000 Apfelsorten in Deutschland, die je nach Geschmack mehr oder minder beliebt sind. Und so sehen die inneren Werte des Apfels aus:

- Äpfel haben mit nur 57 kcal auf 100 g einen sehr geringen Kaloriengehalt
- Sie haben einen sehr hohen Mineralstoffanteil, wie zum Beispiel Kalium, Eisen, Calcium und Phosphor
- Je nach Sorte ist der Vitamin-C-Gehalt hoch, am höchsten ist er beim Berlepsch und Boskop mit circa 40 mg Vitamin C auf 100 g Apfel.
- Der Gehalt an Fruchtsäuren und Pektin ist hoch. Apfel kann gegen Durchfallerkrankungen bei Kindern und auch bei bestimmten Darmerkrankungen von Erwachsenen dienen.
- Äpfel reinigen den Darm und regulieren die Verdauungs- und Nierentätigkeit.
- Apfelessig belebt den Kreislauf und sorgt für eine gesunde Haut.

Da der Nährstoffgehalt je nach Sorte ausfällt, sollte man die Sorten wechseln und nicht nur Granny Smith oder Golden Delicius essen. Äpfel werden richtig gelagert, wenn man sie kühl und dunkel aufbewahrt.

1. TAG

Frühstück:

Wahlweise Kaffee, Tee oder Kräutertee mit Süßstoff gesüßt
1 Scheibe Vollkornbrot mit dünnem Margarineaufstrich
1 dünne Scheibe mageren, gekochten Schinken
1 Scheibe Vollkornknäckebrot mit dünnem Margarineaufstrich
und 1 TL Apfelgelee

1. Zwischenmahlzeit:

1 großer Apfel

Mini-Mittag:

1 Tasse Gemüsebrühe
3 Karotten schälen und fein raspeln. Mit 1 Prise Zucker, 1 TL Öl und ½ EL Obstessig anmachen.
1 Scheibe Vollkornbrot mit dünnem Margarineaufstrich.

Ich wiege heute:

2. Zwischenmahlzeit:

1 großer Apfel

Abendessen:
Matjeshering nach Hausfrauenart

Rezept für 1 Person
1 Matjeshering wässern, abtropfen lassen und in feine Streifen schneiden. 1 kleine feingehackte Zwiebel mit 1 EL kalorienreduzierter Mayonnaise, 1 Spritzer Apfelessig, 1 TL gehackter Petersilie, 1 Prise Jodsalz und etwas Pfeffer aus der Mühle verrühren. 1 Apfel und 1 Gewürzgurke in feine Würfel schneiden und mit den Fischstücken zusammen unter das Dressing rühren. Dazu gibt es 3 Pellkartoffeln in der Schale.

Betthupferl:

1 großer Apfel

Gesamt Kcal:	984
Gesamt Kj:	4.122

2. TAG

Frühstück:

Wahlweise Kaffee, Tee oder Kräutertee mit Süßstoff gesüßt
1 Scheibe Vollkornbrot mit dünnem Margarineaufstrich
1 Scheibe fettarmen Schnittkäse
1 Scheibe Vollkornknäckebrot mit dünnem Margarineaufstrich
2 Tomaten geviertelt, leicht gesalzen

1. Zwischenmahlzeit:

1 großer Apfel

Mini-Mittag:

1 Tasse Champignoncrèmesuppe (Fertigprodukt)
1 Becher körnigen Frischkäse
1 Scheibe Vollkornbrot mit dünnem Margarineaufstrich und mit 1 Bund fein geschnittenem Schnittlauch bestreut.

Ich wiege heute:

2. Zwischenmahlzeit:

1 großer Apfel

Abendessen:
Leberscheibe Berliner Art

Rezept für 1 Person
1 Zwiebel und 1 Apfel schälen. Den Apfel entkernen und in dicke Scheiben schneiden. Die Zwiebel ebenfalls in Scheiben schneiden. 1 Scheibe Kalbsleber (120 g) in wenig Fett zusammen mit den Apfel- und Zwiebelscheiben braten. Anschließend mit Jodsalz und Pfeffer aus der Mühle würzen und mit ½ Portion Kartoffelpüree (Fertigprodukt) servieren. Den Bratensatz mit ½ Tasse Apfelsaft ablöschen, auf die Hälfte einkochen lassen und über die Leberscheibe geben.
1 kleine Portion Salat

Betthupferl:

1 großer Apfel

Gesamt Kcal:	1.077
Gesamt Kj:	4.512

3. TAG

Frühstück:
Wahlweise Kaffee, Tee oder Kräutertee mit Süßstoff gesüßt
1 Scheibe Vollkornbrot mit dünnem Margarineaufstrich
2 dünne Scheiben Bierschinken
1 Becher kalorienreduzierter Fruchtjoghurt

1. Zwischenmahlzeit:
1 großer Apfel

Mini-Mittag:
1 Tasse Gemüsebrühe
1 große Fleischtomate waschen, in feine Scheiben schneiden. 1 kleine Zwiebel fein würfeln, 1 Bund Schnittlauch fein schneiden, Tomatenscheiben auf 1 Scheibe Vollkornbrot anrichten. Mit Zwiebeln und Schnittlauch bestreuen.

Ich wiege heute:

2. Zwischenmahlzeit:
1 großer Apfel

Abendessen:
Fränkischer Apfeltoast
Rezept für 1 Person
1 Apfel schälen und grob raspeln. Wenig Margarine in einer Pfanne erhitzen und den Apfel darin glasig dünsten. Mit einer Prise Jodsalz und Pfeffer aus der Mühle würzen. 1 Ei mit 1 EL Milch glattrühren, zu den Äpfeln geben, stocken lassen und auf Vollkorntoast verteilen.
Die Masse mit 1 EL Semmelbrösel bestreuen und mit 1 Scheibe Emmentaler belegen. Im vorgeheizten Backofen goldgelb überbacken.

Betthupferl:
1 großer Apfel

Gesamt Kcal:	1.090
Gesamt Kj:	4.567

4. TAG

Frühstück:
Wahlweise Kaffee, Tee oder Kräutertee mit Süßstoff gesüßt
1 Scheibe Vollkornknäckebrot mit dünnem Margarineaufstrich
1 TL Honig
1 Magerjoghurt mit 2 EL Apfelsaft glattrühren.
1 TL Rosinen, 2 EL Vollkornflocken/geschrotetes Weizenkorn hinzugeben. 1 Apfel kleinschneiden und unter die Müslimischung heben.

1. Zwischenmahlzeit:
1 großer Apfel

Mini-Mittag:
1 Tasse Spargelcrèmesuppe
½ Glas Rote Bete
1 Scheibe Vollkornknäckebrot mit dünnem Margarineaufstrich.

Ich wiege heute:

2. Zwischenmahlzeit:
1 großer Apfel

Abendessen:
Kartoffelpuffer mit Apfelkompott
Rezept für 1 Person
2 Kartoffelpuffer (TK) in einer beschichteten Pfanne fettfrei goldgelb backen. Danach mit ganz wenig Zimt-Zucker gleichmäßig bestreuen, oder mit etwas Ahornsirup übergießen. Dazu gibt es eine große Schale fertiges Apfelmus.

Betthupferl:
1 großer Apfel

Gesamt Kcal:	1.080
Gesamt Kj:	4.525

5. TAG

Frühstück:

Wahlweise Kaffee, Tee oder Kräutertee mit Süßstoff gesüßt
1 Scheibe Vollkornbrot mit dünnem Margarineaufstrich
2 dünne Scheiben Geflügelwurst
1 Scheibe Vollkornknäckebrot mit dünnem Margarineaufstrich
1 Spiegelei

1. Zwischenmahlzeit:

1 großer Apfel

Mini-Mittag:

1 Tasse Fleischbrühe mit 2 TL Gemüse und 1 TL vorgegarten Reis erhitzen.
1 große Knolle Sellerie und 1 Apfel schälen, fein raspeln, mit 1 Prise Zucker, 1 TL Öl und ½ EL Obstessig anmachen.

Ich wiege heute:

2. Zwischenmahlzeit:

1 großer Apfel

Abendessen:
Gemüse-Fleisch-Pfanne

Rezept für 1 Person
100 g Putenfleisch in dünne Streifen schneiden und in der Pfanne mit ganz wenig Fett anbraten, etwas Farbe nehmen lassen. 1 kleine Zwiebel würfeln und mitschwitzen. Danach 2 Tassen Mischgemüse dazugeben, mit etwas Brühe angießen und einige Minuten dünsten. Mit wenig Jodsalz, weißem Pfeffer und etwas Muskat würzen, mit pflanzlichem Diät-Bindemittel eindicken, mit gehackter Petersilie verfeinern. Zusammen mit 1 Portion Naturreis anrichten.

Betthupferl:

1 großer Apfel

Gesamt Kcal:	1.012
Gesamt Kj:	4.240

Zuschauertips

Zur Weihnachtszeit sollte sich die Hausfrau einige Kilo unbehandelte Orangen kaufen. Vor dem Verzehr die Früchte dünn abschälen und die Schalen auf einem Teller an der Luft oder auch im Backofen zum Trocknen auslegen. Die sehr harten Schalen zerbricht man nun in kleine Stücke und mahlt sie mit einem Eßlöffel Getreide in der Mühle mehlfein. Anschließend füllt man dieses Gemisch in ein kleines Schraubglas und hat ständig einen Vorrat zum Backen parat. Nicht alle getrockneten Orangenschalen sofort mahlen, denn das Getreide-Orangengemisch hält sich nur 3 Wochen.
(Annsula und Heinz Schubert aus Mettenheim-Hart)

Und hier ein Tip für alle Spaghetti-Liebhaber: Um die Bolognesesauce genauso schmackhaft, aber mit wesentlich weniger Fett und somit auch mit weniger Kalorien zuzubereiten, brät man das Hackfleisch in wenig Wasser an. Das Fett, das anschließend doch noch heraustritt, kann man durch ein Sieb abgießen, bevor man die restlichen Zutaten zugibt.
(Petra Neumann)

Nüsse sind bei vielen Menschen beliebt, weil sie je nach Sorte einen sehr herzhaften Geschmack haben. Wenn man nun Nußkuchen oder Nußmakronen herstellen will, sollte man die Nüsse vorher anrösten. Man braucht dazu kein Fett, sondern kann die Nüsse bei mittlerer Temperatur in einer Pfanne erhitzen. Die Nüsse riechen nicht nur besser, sie schmecken auch wesentlich besser, ebenso natürlich die daraus hergestellten Kuchen.
(Frau Christine Zach aus Inning am Holz)

Und jetzt ein Tip zur Herstellung einer kühlen italienischen Spezialität – Granite –, die schnell selbst gemacht ist:
Sekt mit Johannisbeersaft färben und in einem flachen Geschirr einfrieren. Wenn Gäste kommen, die Kristalle mit Löffel oder Messer in kalte Schalen schaben und mit Früchten garnieren. Schnell und deliziös für warme Sommerabende.
(Frau Helene Schneider aus Kempten im Allgäu)

Das besondere Rezept

Herbstlicher Kartoffelauflauf

Rezept für 4 Personen

Das braucht man:

6 mittlere Kartoffeln
2 Zwiebeln
3 Karotten
1 Knolle Sellerie
2 Petersilienwurzeln
1 Stange Lauch
2 Birnen, 4 Äpfel
1 Knoblauchzehe
1/2 TL Jodsalz
3 EL Margarine
3 Eier
1/8 l Milch
2 Ecken Schmelzkase
1 Messerspitze Paprika
1 Messerspitze Curry
Pfeffer aus der Mühle
frisch geriebene Muskatnuß
50 g geriebenen Emmentaler

So macht man's:

1. Kartoffeln, Zwiebeln, Karotten, Sellerie, Petersilienwurzeln schälen und grob würfeln.
2. Lauch halbieren, waschen und in fingerbreite Streifen schneiden.
3. Birnen und Äpfel waschen, vierteln, das Kerngehäuse entfernen und in grobe Scheiben schneiden.
4. Knoblauchzehe schälen, schneiden und mit Jodsalz zerreiben.
5. In einer großen Pfanne Margarine auslassen, Zwiebeln und Knoblauch glasig dünsten und danach das Wurzelgemüse und die Kartoffeln mitschwitzen, leicht salzen.
6. Mit Birnen- und Apfelstücken mischen und in eine gefettete Auflaufform geben.
7. Aus Eiern, Milch, Schmelzkäse, Paprika, Curry, Pfeffer und Muskatnuß eine Eiermasse rühren und über den Auflauf geben.
8. Mit dem restlichen Käse bestreuen und bei 200 Grad circa 30–35 Minuten auf der mittleren Einschubleiste goldgelb überbacken.

Das Mehrwertrezept

Blauschimmelkartoffeln

Rezept für 4 Personen

Das braucht man:

1,5 kg kleine neue Kartoffeln
½ TL Jodsalz
⅜ l Gemüsebrühe
¼ l süße Sahne
150 g Roquefort
Muskatnuß
Pfeffer aus der Mühle
2 EL Preiselbeerkompott

1 Auflaufform
etwas Margarine zum Ausfetten

So macht man's:

1. Kartoffeln gut waschen, salzen und in eine gefettete Auflaufform geben.
2. Gemüsebrühe mit Sahne erwärmen, Roquefort mit einer Gabel zerkleinern und in die Flüssigkeit geben, und quellen lassen.
3. Mit Muskat, Pfeffer und Preiselbeerkompott verrühren.
4. Rund ⅓ der Flüssigkeit über die Kartoffeln in die Auflaufform gießen.
5. Im vorgeheizten Bratrohr bei 180 Grad in der Mittelschiene 50 Minuten garen.
6. Während der Garzeit die Kartoffeln in kurzen Zeitabständen mit der restlichen Käseflüssigkeit übergießen.

Außenseiter in der Küche

Gesundheitskuchen

Rezept für circa 16 Stücke

Das braucht man:

200 g Backpflaumen
200 g getrocknete Aprikosen
2 EL Sliwowitz
2 EL Aprikosenlikör oder Aroma
2 Pakete Hefe, 1/4 l Milch
300 g Vollkornmehl
75 g braunen Zucker, 100 g Margarine
Schale einer unbehandelten Zitrone
150 g Mascapone
1 Vanilleschote, 4 Eigelb
1 Prise Jodsalz
100 g gehobelte Mandeln

1 Gugelhupfform
etwas Margarine zum Ausfetten
3 EL Vollkornsemmelbrösel zum Ausstreuen
50 g Kokosraspeln zum Bestreuen
5 EL Aprikosen- oder Pflaumenaufstrich
1 Backpinsel

So macht man's:

1. Backpflaumen und Aprikosen kurz abspülen, in Streifen schneiden, Backpflaumen mit Sliwowitz und Aprikosen mit Likör beträufeln, über Nacht abgedeckt stehen lassen.
2. Hefe in lauwarmer Milch mit 1/3 des Mehls verrühren, zugedeckt an einem warmen Ort gehen lassen.
3. Danach das restliche Mehl, Zucker, Margarine, abgeriebene Zitronenschale, Mascapone, Vanillemark, Eigelb und Jodsalz unterarbeiten.
4. Mandelblätter fettfrei goldgelb rösten.
5. Die Gugelhupfform ausfetten und ausstreuen.
6. Trockenfrüchte und Mandeln unter den Teig geben und in die Form geben. Nochmal zugedeckt 1/4 Stunde gehen lassen.
7. Im vorgeheizten Backofen bei 180 Grad circa 1 Stunde lang backen.
8. Gleichzeitig Kokosraspeln fettfrei rösten, abkühlen lassen. Kuchen circa 1/2 Stunde abkühlen lassen.
9. Fruchtaufstrich mit 2 EL Wasser zusammen lauwarm werden lassen und mit einem Pinsel auf den Kuchen streichen.
10. Zum Schluß den Kuchen mit den gerösteten Kokosraspeln bestreuen und auskühlen lassen.

Die 5-Tage-Blitzdiät: Mangodiät

Die Mango ist sicherlich die „Königin der exotischen Früchte". Ihre Schale geht von grün in gelb und rot über und ihr gelb-oranges Fruchtfleisch ist schmelzend saftig und erfrischend. Im Innern der Frucht besitzt die Mango einen großen, flachen und faserigen Kern, der sich bei reifen Früchten jedoch leicht entfernen läßt. Nicht nur das Aroma macht die Frucht einzigartig, sondern auch ihre Inhaltsstoffe:

- sie hat auf 100 g Fruchtfleisch nur 59 kcal
- sie hat einen sehr hohen Vitamin-A-Gehalt
- ihr Vitamin-C-Gehalt ist genauso hoch wie der einer Grapefruit
- auch der Kalium- und der Vitamin-E-Gehalt sind beachtlich.

Die hart gekauften Früchte lasse man bei Zimmertemperatur liegen, bis sie rundherum auf Druck nachgeben.

Kurz vor dem Verzehr sollte man die Mangos in den Kühlschrank legen, da so der leichte Terpentingeschmack verschwindet.

Die Zubereitung ist nicht ganz einfach, denn das saftige Fruchtfleisch ist faserig und gelegentlich fest mit dem Kern verwachsen.

- Will man die Frucht auslöffeln oder ausschaben, macht man es so: Frucht hochstellen und mit einem scharfen Messer von der Spitze aus einmal rechts, einmal links an dem flachen Kern entlang nach unten schneiden.
- Für Obstsalat und andere Gerichte: Schale wie bei einer Apfelsine einritzen und die Haut abziehen. Fruchtfleisch sorgfältig in Spalten ablösen.

Achtung! Mangosaft macht Flecken, die schwer zu entfernen sind. Vorsicht mit Kleidung, Tischtüchern und Servietten. Auf Mangos – roh oder gekocht – zwei Stunden lang weder Wasser, Milch noch Alkohol trinken. Das kann Magenbeschwerden geben. Der Grund dafür ist unbekannt.

1. TAG

Frühstück:

Wahlweise Kaffee, Tee oder Kräutertee mit Süßstoff gesüßt
1 Scheibe Vollkornbrot mit dünnem Margarineaufstrich
1 Ecke Kräuterschmelzkäse 10 % Fett i.Tr.
2 Scheiben Vollkornknäckebrot mit dünnem Margarineaufstrich
1/2 Salatgurke gewaschen, geschält, in feine Scheiben geschnitten und leicht gesalzen

1. Zwischenmahlzeit:

1/4 frische, geschälte Mango

Mini-Mittag:

1 Tasse Brokkolicrèmesuppe (Fertigprodukt)
1 Knolle Sellerie und 1 Apfel schälen, beides fein raspeln mit dem Saft 1/2 Zitrone, 1 TL Öl und 1 Prise Zucker anmachen.
1 Scheibe Vollkornbrot mit dünnem Margarineaufstrich

Ich wiege heute:

2. Zwischenmahlzeit:

1/4 frische, geschälte Mango

Abendessen:
Putenschnitzel süß-sauer

Rezept für 1 Person
Putenschnitzel (100 g) in einer Pfanne mit wenig Fett anbraten, etwas Farbe nehmen lassen. 1 kleine Zwiebel fein hakken, 1/2 Mango schälen, in kleine Würfel schneiden, 1 kleines Glas Senfgurken in Scheiben schneiden und zum Fleisch in die Pfanne geben. Mit Brühe und Weißwein angießen, bis zur Saucendicke einkochen. Mit Pfeffer, Muskat und gehackten Kräutern abschmecken, mit etwas Sahne verfeinern.
Als Beilage gibt es 1 Portion Reis

Betthupferl:

1/4 frische, geschälte Mango

Gesamt Kcal:	977
Gesamt Kj:	4.093

2. TAG

Frühstück:

Wahlweise Kaffee, Tee oder Kräutertee mit Süßstoff gesüßt
2 Scheiben Vollkornbrot mit dünnem Margarineaufstrich
2 Scheiben Diätleberwurst
2 Tomaten gewaschen, geviertelt, leicht gesalzen

1. Zwischenmahlzeit:

1/4 frische, geschälte Mango

Mini-Mittag:

1 Tasse Gemüsebrühe mit 1 Eigelb
1 Schale Frischkäse mit 1/4 frischen, gewürfelten Mango und 2 EL gehackten Walnüssen mischen.
1 Scheibe Vollkornknäckebrot mit dünnem Margarineaufstrich

Ich wiege heute:

2. Zwischenmahlzeit:

1/4 frische, geschälte Mango

Abendessen:
Champignonpfanne

Rezept für 1 Person
3 vorgegarte, geschälte Kartoffeln in Würfel schneiden.
250 g Champignons putzen, waschen, abtropfen und in Scheiben schneiden. 2 kleine Zwiebeln fein hacken. In einer Pfanne mit ganz wenig Fett die Kartoffeln anbraten, Farbe nehmen lassen. Dann die Zwiebeln und Champignons dazugeben und mitschwitzen. Leicht salzen, pfeffern, mit etwas Thymian und Majoran würzen. Zum Schluß mit fein geschnittenem Schnittlauch, mit gehackter Petersilie bestreuen und mit 3 EL Tomatenketchup verrühren.

Betthupferl:

1/4 frische, geschälte Mango

Gesamt Kcal:	985
Gesamt Kj:	4.127

3. TAG

Frühstück:
Wahlweise Kaffee, Tee oder Kräutertee mit Süßstoff gesüßt
2 Scheiben Vollkornbrot mit dünnem Margarineaufstrich
2 TL kalorienreduzierte Fruchtmarmelade

1. Zwischenmahlzeit:
¼ frische, geschälte Mango

Mini-Mittag:
1 Tasse Spargelcrèmesuppe (Fertigprodukt)
50 g Diätfleischwurst in feine Streifen schneiden.
1 Gewürzgurke und 1 kleine Zwiebel fein würfeln, alles mischen. Mit 1 EL Öl, 1 EL Essig und etwas Pfeffer aus der Mühle abschmecken.
1 Scheibe Vollkornknäckebrot mit dünnem Margarineaufstrich

Ich wiege heute:

2. Zwischenmahlzeit:
¼ frische, geschälte Mango

Abendessen:
Bratspieß mit Mangosauce
Rezept für 1 Person
100 g Kalbsteak in größere Würfel schneiden, mit Jodsalz und Pfeffer würzen. 1 Zwiebel schälen und vierteln. 1 grüne Paprikaschote waschen, halbieren, das Kerngehäuse entfernen und die Hälften in 6–8 gleichmäßige Stücke schneiden. Abwechselnd werden Fleisch, Zwiebelstücke und Paprika auf einen Spieß gesteckt und von allen vier Seiten möglichst fettfrei angebraten. ¼ frische Mango pürieren, 1 Zwiebel reiben und mit 1 TL Honig, 2 EL Tomatenketchup, 1 TL Senf, ½ TL Paprika, ½ TL Curry, 1 TL Essig, etwas flüssiger Speisewürze verrühren und damit während des Bratens den Spieß öfters gleichmäßig einstreichen.

Betthupferl:
¼ frische, geschälte Mango

Gesamt Kcal:	1.078
Gesamt Kj:	4.517

4. TAG

Frühstück:
Wahlweise Kaffee, Tee oder Kräutertee mit Süßstoff gesüßt
1 Scheibe Vollkornbrot mit dünnem Margarineaufstrich
2 dünne Scheiben Edamer 30 %
1 Scheibe Vollkornknäckebrot mit dünnem Margarineaufstrich
2 Tomaten geviertelt und leicht gesalzen

1. Zwischenmahlzeit:
¼ frische, geschälte Mango

Mini-Mittag:
1 Tasse entfettete Fleischbrühe
1 große Schale gemischten Salat mit Essig/Öl Dressing
1 Scheibe Vollkornbrot mit dünnem Margarineaufstrich

Ich wiege heute:

2. Zwischenmahlzeit:
¼ frische, geschälte Mango

Abendessen:
Spinatmahlzeit
Rezept für 1 Person
1 Paket Blattspinat auftauen und gut abtropfen lassen.
1 Zwiebel fein hacken und in der Pfanne mit etwas Margarine glasig schwitzen. Dann den Spinat dazugeben und einige Minuten dünsten. Mit wenig Salz, etwas Pfeffer und einer Prise Muskat würzen. 1 Spiegelei braten und über den Spinat anrichten. Dazu 1 Portion Kartoffeln in der Schale gegart.

Betthupferl:
¼ frische, geschälte Mango

Gesamt Kcal:	1.096
Gesamt Kj:	4.592

5. TAG

Frühstück:

Wahlweise Kaffee, Tee oder Kräutertee mit Süßstoff gesüßt
1 Magerjoghurt mit 2 EL Fruchtsaft glattrühren. 1 TL Rosinen, 4 EL Vollkornflocken/geschrotetes Weizenkorn hinzugeben. 1/4 frische, geschälte Mango würfeln und unter die Müslimischung heben.

1. Zwischenmahlzeit:

1/4 frische, geschälte Mango

Mini-Mittag:

1 Tasse Tomatencrèmesuppe (Fertigprodukt)
3 große Karotten schälen, raspeln mit 1 EL Öl, 1 Prise Zucker und dem Saft 1/2 Zitrone anmachen.
1 Scheibe Vollkornknäckebrot mit dünnem Margarineaufstrich

Ich wiege heute:

2. Zwischenmahlzeit:

1/4 frische, geschälte Mango

Abendessen:
Schinken-Mango-Toast

Rezept für 1 Person
1/4 frische, geschälte Mango in Streifen schneiden. 2 Scheiben Vollkorntoastbrot toasten, ganz dünn mit Margarine bestreichen, mit 1 Scheibe gekochtem Schinken belegen. Die Mangostreifen darauf verteilen. Mit 2 Scheiben Scheiblettenkäse belegen und überbacken.

Betthupferl:

1/4 frische, geschälte Mango

Gesamt Kcal:	997
Gesamt Kj:	4.177

Zuschauertips

Sommerzeit ist Obstkuchenzeit. Fast jede Hausfrau belegt den Mürbe- oder Biskuitteig selbst mit frischen Früchten. Leider weicht der Saft den Boden – ob aus Vollkorn oder aus weißem Mehl – leicht durch. Wenn man den Boden jedoch vor dem Belegen mit Eigelb bestreicht oder mit Sahnesteif bestäubt, bleibt der Boden schön frisch und wird nicht matschig.
(Frau Nelly Dangelmeyer aus Eislingen)

Jede Hausfrau ärgert sich über Preisetiketten auf Gläsern oder auf Geschirr. Sie kleben fest, so daß man sie schlecht entfernen kann. Das Papier geht ab, doch der Leim bleibt. Nimmt man einen weichen Lappen und tränkt ihn in Speiseöl, so kann man den Leim ohne Probleme abwischen, ohne daß das Glas oder das Geschirr zerkratzt wird.
(Frau Inge Schmidt aus Eppelborn)

Zitronat und Orangeat sind gerade in der Weihnachtszeit eine beliebte Zutat für Stollen, Lebkuchen und Gebäck. Leider werden die kleinen Stückchen nicht gerne gegessen. Dreht man Zitronat und Orangeat durch eine Küchenmaschine und fügt das Gemahlene dem Teig zu, so bleibt der Geschmack vom Gewürz vorhanden und es wird nicht mehr neben den Teller gelegt.
(Frau Hannelore Gröb aus Böblingen 4)

Trockenpflaumen haben nicht nur ein herzhaftes Aroma, sondern auch einen hohen Gehalt an Mineral- und Ballaststoffen. Sie schmecken noch besser zu Müsli oder sonstigen Speisen, wenn man die Trockenpflaumen nicht in Wasser einlegt, sondern in Tee. Dort entfalten sie ihr volles Aroma.
(Frau Adelinde Roßmeier aus Landshut)

Das besondere Rezept

Mangos Tropical

Rezept für 6 Personen

Das braucht man:

2 mittlere Mangos
1 Becher Frischkäse (250 g)
1 Vanilleschote
3 EL Birnendicksaft
Schale von 1 unbehandelten Zitrone
4 Blatt Gelatine
1 Becher Schlagsahne
50 g Vollkornsemmelbrösel
50 g Kokosraspeln
2 Eier
2 EL Wasser
Margarine zum Ausbacken
3 EL gehackte Pistazienkerne

So macht man's:

1. Mangos schälen, halbieren und den Kern entfernen.
2. Eine Hälfte der Länge nach in Spalten schneiden, die andere mit dem Mixer oder dem Mixstab pürieren.
3. Frischkäse mit der Hälfte des Mangopürees, mit Vanillemark, Birnendicksaft und Zitronenschale verrühren.
4. Gelatine in kaltem Wasser einweichen, ausdrücken, in etwas warmem Wasser auflösen und unter die Käsemasse rühren.
5. Sahne cremig steifschlagen und kurz bevor die Käsemasse zu stocken beginnt, vorsichtig unterheben.
6. Die Masse glattstreichen, abdecken und gut durchkühlen lassen.
7. Vollkornsemmelbrösel mit Kokosraspeln mischen.
8. Eier mit Wasser verquirlen, die Mangospalten durchziehen, mit den Bröseln panieren, in wenig Margarine goldgelb ausbacken und auf Küchenkrepp abtropfen lassen.
9. Das restliche Mangopüree auf die Teller verteilen, mit dem Suppenlöffel aus der Mangomasse Nocken stechen, die gebackenen Mangospalten dazugeben und mit Pistazienkernen bestreuen.

Das Mehrwertrezept

Schwarzwurzelbrot

Rezept für 4 Personen

Das braucht man:

1,5 kg frische Schwarzwurzeln
Weißweinessig oder Zitronensaft
2 EL Margarine
1/8 l Gemüsebrühe
1 Zwiebel

Für die Kräuterbutter:
1 kleine Zwiebel
50 g Butter
1 Knoblauchzehe
1/2 TL Jodsalz
1/2 Bund Schnittlauch
1/2 Bund Dill
1/2 Bund glatte Petersilie

Für die Sauce:
1 Becher Crème fraiche
2 EL scharfen Senf
100 g geriebenen Emmentaler
3 Eigelb
1/2 Bund Schnittlauch
1/2 Bund Dill
1/2 Bund glatte Petersilie

8 Scheiben Vollkornbrot

So macht man's:

1. Die Schwarzwurzeln erst unter fließendem Wasser abbürsten, dann schälen und anschließend in kaltes Essig- oder Zitronenwasser legen, damit sie nicht braun werden.
2. Margarine in einem Topf zergehen lassen, die Schwarzwurzeln in mundgerechte Stücke schneiden, leicht salzen, mit Gemüsebrühe bißfest dünsten.
3. Zwiebel schälen, feinhacken und mit Butter verrühren.
4. Knoblauch schälen, in feine Streifen schneiden, mit Jodsalz zerreiben und in die Butter rühren.
5. Schnittlauch, Dill und glatte Petersilie waschen, verlesen, fein schneiden und jeweils die Hälfte in die Butter geben.
6. Brotscheiben leicht toasten, mit der Kräuterbutter bestreichen und im Backofen leicht knusprig werden lassen.
7. Schwarzwurzeln abtropfen lassen, den Fond aufkochen mit Crème fraiche eindicken. Senf, die restlichen Kräuter und den Käse einrühren, vom Herd nehmen, mit Eigelb eindicken und mit den Kräutern verfeinern.
8. Schwarzwurzeln auf den Broten verteilen, mit der Sauce überziehen und im Ofen bei 200 Grad Oberhitze überbacken.

Außenseiter in der Küche

Vitamin-C-Bombe

Rezept für 4 Personen

Das braucht man:

400 g mildes, frisches Sauerkraut
1 kleine Ananas
1 Box frische Sprossen (Soja-, Mungobohnen-, Alfalfa...)
1 Knoblauchzehe
½ TL Jodsalz
1 EL Sojasauce
1 EL Obstessig
3 EL Sonnenblumenöl
Pfeffer aus der Mühle
2 EL gehackte Walnußkerne

So macht man's:

1. Sauerkraut mit einer Gabel lockern.
2. Ananas oben und unten dünn abschneiden, sechsteln oder achteln, den harten Teil in der Mitte entfernen.
3. Ananasstücke erst von der Schale befreien und dann in kleine Stücke schneiden.
4. Den Ananassaft auffangen und zum Kraut geben.
5. Sprossen waschen, verlesen und gut abtropfen lassen.
6. Knoblauch schälen, in feine Scheiben schneiden und mit Salz zerreiben.
7. Ananas und Sprossen mit dem Sauerkraut vermischen.
8. Knoblauch mit Sojasauce, Essig und Öl anrühren, mit Pfeffer abschmecken und über die Salatzutaten geben, gut durchmischen.
9. ½ Stunde ziehen lassen und mit gehackten Walnußkernen bestreuen.

Die 5-Tage-Blitzdiät: Grapefruitdiät

Grapefruits sind aufgrund ihres säuerlichen und zuweilen herb-bitteren Geschmacks für viele eine beliebte Frühstücksfrucht. Fälschlicherweise werden sie oft auch Pampelmuse genannt. Die Pampelmuse aber ist fast ungenießbar und hat eine sehr dicke Schale. Grapefruits wachsen überall dort, wo alle anderen Zitrusfrüchte auch geerntet werden.

- Grapefruits sind mit ihren 37 kcal pro 100 g sehr kalorienarm und eignen sich hervorragend für eine Diät
- Sie haben wie alle anderen Zitrusfrüchte einen hohen Vitamin C-Gehalt und beugen so Infektionskrankheiten vor, stärken die Abwehrkräfte des Körpers
- Sie haben fast alle wichtigen Mineralstoffe.
- Sie wirken durch den Inhaltsstoff Naringin appetitanregend.
- Das Fruchtfleisch wirkt regulierend auf die Verdauung und befreit den Körper von überflüssigen Stoffwechselprodukten.

Wenn man Grapefruits zum Frühstück, als Vorspeise oder zum Nachtisch löffeln will: Die Frucht quer halbieren, jede Hälfte auf einen Teller legen. Mit einem kleinen, scharfen Messer die einzelnen Fruchtsegmente von innen nach außen von ihren Häutchen lösen, dann einmal ringsum der Schale entlang schneiden. Jetzt kann man jedes Fruchtstückchen bequem mit dem Löffel herausholen, ohne daß der Saft spritzt.

Grapefruits mit leicht rot-rosa gefärbtem Fruchtfleisch sind weniger bitter und lieblich im Geschmack. Sie sind wie Orangen und Zitronen auch kühl zu lagern, sonst verlieren sie an Vitamin C. Grapefruits aus tropischen Ländern, ganz gleich, ob es sich um gelbe oder rosafarbene handelt, haben oft eine leicht fleckige Schale. Diese Flecken entstehen beim Reifen durch abgelagerte Luftfeuchtigkeit, sie haben auf die Qualität keinen Einfluß.

Beim Kauf von Grapefruits sollten Sie vor allem auf das Gewicht der Früchte achten. Schwere Früchte sind am günstigsten: Sie haben eine dünne Schale und sind besonders saftig.

1. TAG

Frühstück:
Wahlweise Kaffee, Tee oder Kräutertee mit Süßstoff gesüßt
2 Scheiben Vollkornbrot mit dünnem Margarineaufstrich
2 dünne Scheiben rohen Schinken
2 Gewürzgurken
2 Tomaten gewaschen, geviertelt und leicht gesalzen

1. Zwischenmahlzeit:
½ Grapefruit

Mini-Mittag:
1 Tasse Spargelcrèmesuppe (Fertigprodukt)
1 Knolle Sellerie und 1 Apfel schälen, fein raspeln mit 1 Prise Zucker, 1 TL Öl und dem Saft ½ Zitrone anmachen.
1 Scheibe Vollkornbrot mit dünnem Margarineaufstrich

Ich wiege heute:

2. Zwischenmahlzeit:
½ Grapefruit

Abendessen:
Zitronenfisch
Rezept für 1 Person
150 g Seefisch mit Zitronensaft beträufeln, salzen und pfeffern. Dann in der Pfanne mit ganz wenig Margarine goldgelb braten. Mit geschälten Zitronenscheiben belegen, mit gehackter Petersilie bestreuen. Dazu 1 Portion Salzkartoffeln und eine große Schale grünen Salat mit Zitronendressing reichen.

Betthupferl:
½ Grapefruit

Gesamt Kcal: 1.122
Gesamt Kj: 4.839

2. TAG

Frühstück:
Wahlweise Kaffee, Tee oder Kräutertee mit Süßstoff gesüßt
1 Scheibe Vollkornknäckebrot mit dünnem Margarineaufstrich
1 Tl Blütenhonig
1 Magerjoghurt mit 2 EL Fruchtsaft glattrühren, 1 TL Rosinen, 2 EL Vollkornflocken/geschrotetes Weizenkorn hinzugeben. ½ Grapefruit kleinschneiden und unter die Müslimischung heben.

1. Zwischenmahlzeit:
½ Grapefruit

Mini-Mittag:
1 Tasse Gemüsebrühe mit 2 EL buntem Gemüse
2 mittlere Zucchini in dünne Scheiben hobeln, mit Jodsalz, Pfeffer, gemischten Kräutern, ½ TL Zucker, 1 EL Öl und 1 EL Essig anmachen und circa ½ Stunde ziehen lassen. 1 Scheibe Vollkornbrot mit dünnem Margarineaufstrich

Ich wiege heute:

2. Zwischenmahlzeit:
½ Grapefruit

Abendessen:
Kalbsleberscheiben mit Grapefruits
Rezept für 1 Person
1 Scheibe Kalbsleber (100 g) möglichst fettfrei braten, mit Jodsalz und Pfeffer würzen, dann anrichten. ½ geschälte Grapefruit in dünne Scheiben schneiden. In der Pfanne mit etwas Margarine anbraten, dann mit etwas Birnendicksaft ablöschen, mit ein paar Tropfen Essig säuern, mit grünem Pfeffer würzen und über die Kalbsleber geben.
Dazu gibt es eine Portion Kartoffelpüree.

Betthupferl:
½ Grapefruit

Gesamt Kcal: 1.089
Gesamt Kj: 4.562

3. TAG

Frühstück:

Wahlweise Kaffee, Tee oder Kräutertee mit Süßstoff gesüßt
1 Scheibe Vollkornbrot mit dünnem Margarineaufstrich
2 dünne Scheiben fettarmen Schnittkäse
1 Scheibe Vollkornknäckebrot mit dünnem Margarineaufstrich
½ Salatgurke in dünne Scheiben geschnitten

1. Zwischenmahlzeit:

½ Grapefruit

Mini-Mittag:

1 Tasse Brokkolicrèmesuppe (Fertigprodukt)
2 dünne Scheiben Roastbeef
1 TL Meerrettich
1 Tomate
1 Scheibe Vollkornbrot mit dünnem Margarineaufstrich

Ich wiege heute:

2. Zwischenmahlzeit:

½ Grapefruit

Abendessen:
Blumenkohl überbacken

Rezept für 1 Person
1 kleinen Kopf Blumenkohl waschen und in Röschen aufteilen. Danach tropfnaß im Topf bißfest garen. Die Blumenkohlröschen auf ein Sieb schütten, den Blumenkohlsud auffangen, mit 3 EL Reibkäse, 1 TL Curry, 1 Prise Muskat, etwas Sahne und 1 Ei verschlagen. Die Blumenkohlröschen in eine feuerfeste Form geben, mit der Käsemasse überziehen und goldgelb überbacken.
Dazu eine große Schüssel gemischten Salat mit Essigöl-Dressing.

Betthupferl:

½ Grapefruit

Gesamt Kcal:	958
Gesamt Kj:	4.014

4. TAG

Frühstück:

Wahlweise Kaffee, Tee oder Kräutertee mit Süßstoff gesüßt
1 Scheibe Vollkornbrot mit dünnem Margarineaufstrich
2 Scheiben Geflügelaufschnitt (50 %)
1 Scheibe Vollkornknäckebrot mit dünnem Margarineaufstrich
1 Apfel

1. Zwischenmahlzeit:

½ Grapefruit

Mini-Mittag:

1 Tasse Fleischbrühe mit Nudeleinlage
½ Schale Kräuterquark (125 g)
1 Scheibe Vollkornknäckebrot mit dünnem Margarineaufstrich

Ich wiege heute:

2. Zwischenmahlzeit:

½ Grapefruit

Abendessen:
Gefüllte Tomaten

Rezept für 1 Person
1 kleine Zwiebel in Würfel schneiden, dann in der Pfanne mit wenig Fett glasig schwitzen. 150 g Erbsen dazugeben und mitschwitzen. Dann mit etwas Pfeffer und wenig Salz würzen und im Mixer pürieren. Mit 1 Ei, etwas Sahne und 2 EL Reibkäse verschlagen. 2 Tomaten halbieren, die Kerne herausnehmen und die Tomatenhälften mit der Erbsenmasse füllen. Anschließend in eine feuerfeste Form geben und in der Oberschiene des Bratrohres circa 10 Minuten überbacken. Dazu 1 Scheibe Vollkorntoast.

Betthupferl:

1 Grapefruit

Gesamt Kcal:	1.034
Gesamt Kj:	4.332

5. TAG

Frühstück:
Wahlweise Kaffee, Tee oder Kräutertee
1 Scheibe Vollkornbrot mit dünnem Margarineaufstrich
1 Ecke Schmelzkäse
1 Scheibe Vollkornknäckebrot mit dünnem Margarineaufstrich
1/2 Salatgurke gewaschen, geschält, in feine Scheiben geschnitten und leicht gesalzen

Zwischenmahlzeit:
1/2 Grapefruit

Mini-Mittag:
1 Tasse Champignoncrèmesuppe (Fertigprodukt)
1 Portion Pellkartoffeln
1/2 Schale Kräuterquark
1 kleines Glas Pusztasalat

Ich wiege heute:

2. Zwischenmahlzeit:
1/2 Grapefruit

Abendessen:
Frühlingsbrote
Rezept für 1 Person
2 Scheiben Vollkorntoast dünn mit Margarine bestreichen. Mit Tomatenscheiben gleichmäßig belegen. Mit gehackten Zwiebeln, fein geschnittenem Schnittlauch bestreuen. Mit etwas Salz und Pfeffer würzen. 1 Ei mit etwas Milch verschlagen, leicht salzen und in der Pfanne als Rührei stocken lassen. Über die Tomatenbrote verteilen.

Betthupferl:
1/2 Grapefruit

Gesamt Kcal:	1.005
Gesamt Kj:	4.210

Zuschauertips

Frischkäse-Liebhaber sehen als einzigen Nachteil in ihrem Lieblingsprodukt den hohen Kaloriengehalt. Dem kann man Abhilfe schaffen, indem man den Frischkäse mit Magerquark mischt. Er ist kalorienärmer und auch streichfähiger. Mischt man Schnittlauch, Knoblauch oder sonstige Kräuter hinzu, hat man einen deliziösen Brotaufstrich, der keine Kalorienbombe darstellt.
(Frau Anja Junker aus Clausthal-Zellerfeld)

Teigwaren und Klöße, die im Wasser gegart werden, liegen beim Servieren oft in der Schüssel in einer kleinen Wasserpfütze und werden pampig. Um dies zu vermeiden, legt man ein kleines Tellerchen umgedreht in die Schüssel, in der z.B. die Klöße angerichtet werden sollen. Dadurch können die kleinen Wasserrückstände, die trotz Abschüttens übrig bleiben, unter den Teller laufen.
(Herr Achim Lahm aus Pleitersheim)

Löwenzahn ist nicht nur aufgrund seiner Nährstoffe gesund, er schmeckt auch lecker, wenn man ihn richtig zubereitet. Sammelt man im Frühling Löwenzahn, der noch nicht blüht, wäscht man ihn und gibt man ihn anschließend zu Tomaten- oder Gurkensalat, schmeckt der Salat nicht bitter. Bei reinem Löwenzahnsalat wäre das der Fall.
(Frau Marika Schwarzenbolz aus Velden)

Pilzliebhaber sollten in der Pilzerntezeit genügend Pilze auf Vorrat sammeln und sie trocknen. Anschließend dreht man die Pilze durch eine Kaffeemaschine oder eine Mahlmaschine und hat so Pilzpulver für verschiedene Salate und Soßen. Dieses Pulver kann in Schraubgläsern aufbewahrt werden und ist länger haltbar.
(Frau Wilma Geis aus Altenbuch)

Das besondere Rezept

Grapefruitcocktail

Rezept für 4 Personen

Das braucht man:

3 rosa Grapefruits
2 Orangen
1 Limette
2 EL Pistazienkerne

Für den Schaum:

3 EL braunen Zucker
1 Ei
2 Eigelb
2 EL Campari
60 ccm Orangensaft
60 ccm Grapefruitsaft

So macht man's:

1. Grapefruits, Orangen und Limette schälen, so daß keine weiße Haut mehr zu sehen ist.
2. Die einzelnen Spalten herausschneiden, den Saft der Früchte getrennt auffangen.
3. Zucker, Ei und Eigelb mit Campari, Orangensaft und Grapefruitsaft in einem Rührkessel über einem Wasserbad zu einem cremigen, fast steifen Schaum aufschlagen.
4. Den Rührkessel in kaltes Wasser oder auf Eis stellen und unter ständigem Rühren den Schaum kaltschlagen. Nun hat er fast die Konsistenz wie geschlagenes Eiweiß.
5. Die Fruchtspalten in Glasschalen oder auf Tellern gleichmäßig verteilt anrichten und mit dem Eischaum überziehen.
6. Zum Schluß mit den gehackten Pistazienkernen bestreuen.

Das Mehrwertrezept

Fitness-Salat

Rezept für 4 Personen

Das braucht man:

4–5 Rote Bete Knollen
2 EL Gemüsebrühe (Instantpulver)
1 Lorbeerblatt
2 EL Essig
1 Gewürznelke
2 säuerliche Äpfel
2 kleine Zwiebeln

Für das Dressing:
4–6 EL Distelöl
4 EL Obstessig
1 TL Senf
1 Prise Jodsalz
Pfeffer aus der Mühle
1 Msp gemahlenen Kümmel
1 Prise braunen Zucker

1 Bund glatte Petersilie

So macht man's:

1. Rote Bete-Blätter etwa 2 cm über der Knolle abschneiden, diese gründlich unter fließendem Wasser bürsten.
2. Einen Topf mit Wasser aufstellen, aufkochen lassen, Instantpulver einstreuen, Lorbeerblatt, Essig, Gewürznelke und Rote Bete hineingeben, circa 1–1,5 Stunden köcheln lassen. (Die Knollen müssen bedeckt sein.)
3. Die Knollen aus der Brühe nehmen, mit kaltem Wasser abschrecken, die Haut abziehen, halbieren und mit einem Gemüsemesser in dünne Scheiben schneiden.
4. Äpfel waschen, vierteln, entkernen und feinblättrig schneiden.
5. Zwiebeln schälen und in feine Streifen schneiden.
6. Alle Zutaten in einer Salatschüssel mischen.
7. Aus Distelöl, Obstessig, Senf, Jodsalz, Pfeffer, Kümmel und Zucker mit dem Schneebesen ein sämiges Dressing rühren.
8. Das Dressing über den Salat geben, mindestens 2 Stunden ziehen lassen und dabei mehrmals durchmischen.
9. Petersilie waschen, verlesen und fein hacken.
10. Salat anrichten und mit Petersilie bestreuen.

Außenseiter in der Küche

Backobst in Zimtsauce

Rezept für 8 Personen

Das braucht man:

100 g getrocknete Aprikosen
100 g getrocknete entsteinte Pflaumen
100 g getrocknete Birnen
50 g getrocknete Äpfel
1/2 l Apfelsaft
2 cl Calvados
3 EL braunen Zucker
1/2 Zimtstange
2 Gewürznelken
Schale 1/2 unbehandelten Zitrone
6 Blatt Gelatine

Für die Zimtsauce:

3 EL braunen Zucker
1/4 l Schlagsahne
1 Stange Zimt
1 Ei
2 Eigelb
Rum-Aroma

So macht man's:

1. Das Trockenobst mit heißem Wasser begießen, quellen lassen.
2. Den Apfelsaft mit Calvados, Zucker, Gewürzen und Zitronenschale aufkochen, erkalten lassen.
3. Gelatine einweichen, auflösen und mit dem Saft verrühren.
4. Das Obst abtropfen lassen, in Streifen schneiden, 3/4 davon auf Portionsförmchen verteilen, mit dem Saft bedecken, kühl stellen.
5. Zucker mit Sahne und Zimtstange aufkochen. Das Eigelb mit etwas Sahne verrühren und in die heiße Sahne geben, verrühren. Mit Rum-Aroma abschmecken, durch ein Sieb passieren.
6. Die gelierten Früchte aus den Förmchen holen, auf dem Teller anrichten, mit Sauce umgießen, mit den restlichen Obststücken garnieren.

Die 5-Tage-Blitzdiät: Avocadodiät

Dieses birnenförmige tropische Steinobst ist eine der ältesten, uns bekannten Früchte. Heute werden Avocados in allen tropischen und subtropischen Gebieten angebaut und nach Deutschland importiert. Sie werden auch Butter des Waldes genannt, was auf die Inhaltsstoffe ihres Fruchtfleisches zurückzuführen ist:

- der Fettgehalt dieser Frucht liegt zwischen 15 und 30 %. Da das Fett vorwiegend aus ungesättigten Fettsäuren besteht, vermag es den Cholesterinspiegel zu senken.
- sie haben einen sehr hohen Gehalt an wertvollem Eiweiß
- sie haben einen relativ hohen Vitamin A-, C- und B1- und B2-Gehalt
- auch die Mineralstoffwerte sind beachtlich
- Avocadofett ist zwar sehr leicht verdaulich, hat jedoch einen Energiewert von 240 kcal/100 g Frucht. Der Kaloriengehalt ist zwar um etliches höher als bei anderen Früchten, der Sättigungswert der Avocado aber dementsprechend höher.

Avocados schmecken erst bei richtiger Reife, die dann vorhanden ist, wenn die Avocado auf ganz leichten Druck hin nachgibt. Man schneidet sie der Länge nach durch, entfernt den Samenkern und löffelt das butterweiche, weiß-gelbe Fruchtfleisch aus den Hälften. Erst kurz vor dem Gebrauch aufschneiden, da sonst das Fruchtfleisch durch den Luftsauerstoff braun wird.

Das cremefarbige Fruchtfleisch schmeckt nußartig und läßt sich süß, z.B. als Obstsalat, und pikant als Vorspeise zubereiten. Beliebt sind gefüllte Avocadohälften. Die Avocado erfordert keine lange Zubereitungszeit und kann deshalb auch zwischen den Mahlzeiten gegessen werden.

1. TAG

Frühstück:
Wahlweise Kaffee, Tee oder Kräutertee mit Süßstoff gesüßt
1 Scheibe Vollkornbrot mit dünnem Margarineaufstrich
1 TL kalorienreduzierte Marmelade
1 kleine Banane

1. Zwischenmahlzeit:
1/2 Avocado

Mini-Mittag:
1 Schale rohes Sauerkraut mit der Gabel lockern. 2 Scheiben Ananas in kleine Stücke schneiden und unter das Sauerkraut geben. Mit etwas Zitronensaft, 1 Glas Sekt, wenig Zucker abschmecken.
1 Scheibe Vollkornknäckebrot mit dünnem Margarineaufstrich.

Ich wiege heute:

2. Zwischenmahlzeit:
1/2 Avocado

Abendessen:
Avocadotartar
Rezept für 1 Person
Von 1/2 Avocado das Fruchtfleisch mit dem Löffel aus der Schale nehmen und im Mixer pürieren. Mit 1 fein gehackten Zwiebel, 1/2 feingehackten Paprikaschote verrühren. Dann mit 1 TL Paprika, 1/2 TL zerdrückten grünen Pfefferkörnern, ein paar Tropfen Essig, Zitronensaft und Weinbrand abschmecken. Zum Schluß mit 2 EL Tomatenketchup verrühren und danach auf 2 Scheiben Vollkornknäckebrot verstreichen.

Betthupferl:
1/4 Avocado

Gesamt Kcal:	1.167
Gesamt Kj:	4.889

2. TAG

Frühstück:
Wahlweise Kaffee, Tee oder Kräutertee mit Süßstoff gesüßt
1 Scheibe Vollkornbrot mit dünnem Margarineaufstrich
1 dünne Scheibe gekochten Schinken
1/2 Salatgurke gewaschen, geschält, in feine Scheiben geschnitten und leicht gesalzen

1. Zwischenmahlzeit:
1/2 Avocado

Mini-Mittag:
1 Tasse Gemüse- oder Hefebrühe
1 Scheibe Vollkornbrot mit dünnem Margarineaufstrich und mit 1 Bund frischem, feingeschnittenen Schnittlauch bestreut.

2. Zwischenmahlzeit:
1/2 Avocado

Ich wiege heute:

Abendessen:
Forelle blau mit Petersilienkartoffeln
1 Forelle (200 g/TK) auftauen lassen. 1/2 l Wasser mit 1/2 Lorbeerblatt, 1/2 Tasse Essig, 1 Prise Jodsalz, 2 Nelken, einer kleinen geschälten Zwiebel zum Kochen bringen. Forelle in das Wasser geben, den Topf beiseite ziehen und circa 12 Minuten ziehen lassen. 1 Portion Salzkartoffeln kochen, nach dem Abbrühen dünn mit flüssiger Butter bestreichen und mit gehackter Petersilie bestreuen. 1 Schale grünen Salat mit Kräuterdressing hinzugeben und mit 2 EL gehackter Petersilie bestreuen. Kurz durchschwenken. Zusammen mit dem Fisch servieren.

Betthupferl:
1/2 Avocado

Gesamt Kcal:	996
Gesamt Kj:	4.173

3. TAG

Frühstück:
Wahlweise Kaffee, Tee oder Kräutertee mit Süßstoff gesüßt
1 Scheibe Vollkornbrot mit dünnem Margarineaufstrich
1 Scheibe Diätleberwurst
1 Gewürzgurke

1. Zwischenmahlzeit:
½ Avocado

Mini-Mittag:
1 Paar Wiener Würstchen
1 TL Senf
1 Scheibe Vollkornknäckebrot mit dünnem Margarineaufstrich

2. Zwischenmahlzeit:
½ Avocado

Ich wiege heute:

Abendessen:
Zwiebelschnitzel
Rezept für 1 Person
1 kleines Kalbsschnitzel (100 g) in der Pfanne mit etwas Fett anbraten und Farbe nehmen lassen. Dann 2 Zwiebeln in Scheiben schneiden, zum Schnitzel in die Pfanne geben und mitschwitzen. Mit ½ TL Paprika und ½ TL Curry bestreuen, mit 1 EL Tomatenketchup und etwas Bratensaft verrühren. Danach kurz einkochen. Die Zwiebeln über dem Schnitzel anrichten.
Dazu 1 Schale Tomatensalat mit Zwiebeln und Essig-Öl-Dressing.

Betthupferl:
½ Avocado

Gesamt Kcal:	993
Gesamt Kj:	4.160

4. TAG

Frühstück:
Wahlweise Kaffee, Tee oder Kräutertee mit Süßstoff gesüßt
1 Scheibe Vollkornknäckebrot mit dünnem Margarineaufstrich
1 TL Honig
1 Magerjoghurt mit 2 EL Fruchtsaft glattrühren. 1 TL Rosinen, 2 EL Vollkornflocken/geschrotetes Weizenkorn hinzugeben. 1 Apfel kleinschneiden und unter die Müslimischung heben.

1. Zwischenmahlzeit:
½ Avocado

Mini-Mittag:
1 Tasse Spargelcrèmesuppe (Fertigprodukt)
1 kleines Glas Mixed Pickles
1 Scheibe Vollkornknäckebrot mit dünnem Margarineaufstrich

2. Zwischenmahlzeit:
½ Avocado

Ich wiege heute:

Abendessen:
Avocadogulasch
Rezept für 1 Person
250 g Austernpilze oder Champignons in größere Stücke schneiden. Von ½ Avocado das Fruchtfleisch herauslösen und ebenfalls in Stücke schneiden. 2 Zwiebeln schälen und in Stücke schneiden. 1 große Paprikaschote entkernen und in Stücke schneiden.
Im Topf mit etwas Margarine die Zwiebeln, die Paprikaschote, die Pilze anschwitzen. Dann mit 2 EL Tomatenmark verrühren, mit 1 TL Paprika bestreuen, mit Bratensaft und Rotwein angießen und 15 Minuten köcheln lassen. Soweit erforderlich mit pflanzlichem Diät-Bindemittel eindicken. Zum Schluß die Avocado unterheben und heiß werden lassen. Mit etwas Speisewürze verfeinern. Dazu 1 Portion gegarten Naturreis.

Betthupferl:
½ Avocado

Gesamt Kcal:	1.094
Gesamt Kj:	4.583

5. TAG

Frühstück:
Wahlweise Kaffee, Tee oder Kräutertee mit Süßstoff gesüßt
1 Scheibe Vollkornbrot mit dünnem Margarineaufstrich
2 Scheiben Geflügelwurst
1 Becher kalorienreduzierten Fruchtjoghurt

1. Zwischenmahlzeit:
1/2 Avocado

Mini-Mittag:
1 Tasse Steinpilzsuppe (Fertigprodukt)
1/4 gebratenes Hähnchen
1 Scheibe Vollkornknäckebrot mit dünnem Margarineaufstrich

2. Zwischenmahlzeit:
1/2 Avocado

Ich wiege heute:

Abendessen:
Vitaminbombe
Rezept für 1 Person
1 Kopf grünen Salat putzen, waschen. 2 grüne Paprikaschoten halbieren, entkernen, dann in Streifen schneiden. 2 Tomaten schälen, halbieren, entkernen und in Streifen schneiden. Von 1/2 Avocado das Fruchtfleisch herauslösen, in Scheiben schneiden. Alle Zutaten in der Salatschüssel miteinander vermischen, mit 4 EL kalorienreduzierter Mayonnaise, etwas Pfeffer, 1 TL scharfen Senf, 1 EL Ketchup, etwas Obstessig, ein paar Tropfen Weinbrand und Sahne glattrühren. Mit diesem Dressing den Salat anmachen und 1/2 Stunde ziehen lassen. Dazu 1 Scheibe Vollkornbrot mit dünnem Margarineaufstrich.

Betthupferl:
1/2 Avocado

Gesamt Kcal:	966
Gesamt Kj:	4.047

Zuschauertips

Bestimmte Früchte schmecken erst, wenn sie den richtigen Reifegrad haben; z.B. auch die Avocado. Harte Avocado-Früchte werden leichter weich, wenn man sie zusammen mit einem Apfel in eine Tüte gibt. Erst, wenn die Früchte weich sind, entfalten sie ihr richtiges Aroma, z.B. als Brotaufstrich, für Suppen oder auch Salate.
(Frau Mutgard Friedel aus Gräfelfing)

Bereits ausgepreßte Zitronen braucht man nicht gleich wegzuwerfen. Sofern man eine Spülmaschine hat, gibt man die leeren Zitronenhälften in den Geschirrspüler. Das Geschirr erhält dadurch Glanz und Frische.
(Frau Edith Schlierf aus Greding)

Salzkartoffeln kann man länger heiß halten und sie werden nicht wäßrig, wenn man das Wasser abschüttet und zwischen Topf und Deckel ein mehrfach gefaltetes sauberes Tuch klemmt, das den aufsteigenden Dampf aufsaugt. Die Kartoffeln bleiben trocken und warm.
(Frau Rosemarie Rau aus Aßlar-Werdorf)

Beim Reiben von Zitronenschalen ist das Reibeisen immer schwer zu reinigen. Wenn man jedoch vorher Pergamentpapier auf die Reibfläche legt, die Zitrone wie gewohnt reibt, kann man das Papier abnehmen und das Eisen ist viel leichter zu reinigen.
(Frau Ingrid Ehrenhäuser aus Emmerting)

Das besondere Rezept

Pikante Avocados

Rezept für 4 Personen

Das braucht man:

2 Avocados
Saft von 2 Zitronen
2 EL Margarine
Jodsalz
Pfeffer aus der Mühle
Muskatnuß
2 Schalen Himbeeren à 250 g
2 EL Birnendicksaft
1 EL Himbeergeist

So macht man's:

1. Avocados der Länge nach halbieren, den Kern herauslösen und mit einem Löffel das Fruchtfleisch aus der Schale entfernen.
2. Das herausgelöste Fruchtfleisch mit dem Mixer pürieren und mit Zitronensaft beträufeln.
3. In einer Rührschüssel die Margarine schaumig schlagen, das Avocadomark unterrühren, mit Salz, Pfeffer und Muskat abschmecken.
4. Himbeeren waschen, putzen, die Hälfte pürieren, mit Birnendicksaft süßen und mit Himbeergeist aromatisieren.
5. Das angemachte Avocadomark in die Fruchtschalen füllen, mit Himbeermark überziehen oder angießen und mit den verbliebenen Himbeeren garnieren.

Das Mehrwertrezept

Gefüllter Wirsing

Rezept für 4 Personen

Das braucht man:

1 Kopf Wirsing
1 Päckchen getrocknete Steinpilze (25 g)
200 g trockenes Vollkornbrot
2 Tassen Milch
2 Zwiebeln, 2 EL Margarine
2 Zehen Knoblauch, 1 TL Jodsalz
Pfeffer aus der Mühle
1 Bund glatte Petersilie
2 Eier
1 TL Senf, Jodsalz, Muskatnuß

Für die Sauce:

2 Dosen geschälte Tomaten
2 Zwiebeln, 2 EL Olivenöl
1 TL Thymian, 1 TL Rosmarin
1 Päckchen geriebener Emmentaler

So macht man's:

1. Wirsing putzen, waschen, die äußeren, großen Blätter bißfest garen, die inneren Blätter in feine Streifen schneiden.
2. Steinpilze in kaltem Wasser einweichen.
3. Das Brot würfeln, in der lauwarmen Milch quellen lassen.
4. Zwiebeln fein würfeln und in Margarine glasig schwitzen.
5. Knoblauchzehen schälen, grob schneiden, mit Salz zerreiben und kurz mitschwitzen.
6. Die Pilze und die feingeschnittenen Wirsingstreifen hinzufügen, würzen und circa 5 Minuten dünsten.
7. Die Wirsingstreifen mit gehackter Petersilie, Eiern, Senf, Jodsalz, Pfeffer und Muskatnuß zum gequollenen Brot geben, verrühren.
8. Die großen Wirsingblätter damit füllen, fest einrollen.
9. Die geschälten Tomaten würfeln.
10. Zwiebeln würfeln, in heißem Öl anschwitzen, mit den Tomatenwürfeln und dem Tomatensaft auffüllen, mit Thymian und Rosmarin würzen, aufkochen und pürieren. In ein feuerfestes Geschirr geben, die Wirsingrollen hineingeben, mit dem Käse bestreuen und im Ofen bei ca. 160 Grad circa 30 Minuten garen.
11. Portionen anrichten und servieren.

Außenseiter in der Küche

Frühlingszwiebelbrot

Rezept für 4 Personen

Das braucht man:

2 Bund Frühlingszwiebeln
1 EL Margarine
1 Becher Crème fraîche
2 EL Reibkäsepfeffer
$^{1}/_{2}$ TL weißer Pfeffer
1 Messerspitze gemahlenen Kümmel
3 Eier

So macht man's:

1. Frühlingszwiebeln putzen, waschen und in Scheiben schneiden.
2. Vollkornbrotscheiben knusprig toasten.
3. Frühlingszwiebeln in Margarine bißfest dünsten, leicht salzen, pfeffern und auf die Brotscheiben verteilen.
4. Crème fraîche, Eigelb, Reibkäse mit den zerdrückten, grünen Pfefferkörnern, dem Pfeffer und Kümmel verrühren, in der Pfanne wie Rührei stocken lassen und dann in der Oberschiene des Bratrohres knusprig überbacken.

Die 5-Tage-Blitzdiät: Rhabarberdiät

Kaum jemand weiß, daß der Rhabarber wegen seiner Staudenform in die Familie der Gemüsearten eingereiht wird. Doch das ändert nichts daran, daß aus ihm fast ausschließlich süße Speisen zubereitet werden.

Am pikantesten ist bei uns der rotstielige rotfleischige Rhabarber. Da gibt es den milden HIMBEERRHABARBER, das sind rote Stangen mit grünem Stielende, sowie den herben BLUTRHABARBER, der durch und durch rot ist.

Beide Rhabarbersorten, wie sie heute angeboten werden, braucht man nicht mehr zu schälen. Es genügt, die Blätter und das Stielende abzuschneiden. Empfehlenswert ist es, dabei die gröberen Fasern mit abzuziehen.

Rhabarber enthält Oxalsäure, in kleinen Mengen unschädlich, greift aber Metall leicht an! Deshalb Rhabarber bitte in Edelstahl, Glas oder Emailgeschirr zubereiten und auf gar keinen Fall in Aluminiumtöpfen. Da der Oxalsäuregehalt in den Blättern des Rhabarber 10mal so hoch ist wie in den Stielen, ist das Grün ungenießbar.

Aus den vorgenannten Gründen sollte Rhabarber auch nie in Alufolie verpackt werden.

In frischem Rhabarber steckt einiges, was unserer Gesundheit dienlich ist:

- Die köstlichen Stangen enthalten reichlich Kalium, Calcium, Phosphor und Eisen.
- Neben den Vitaminen A, B1, B2 und C liefern sie im hohen Maße Zitronen- und Apfelsäure. Außerdem Fruchtzucker, Stärke, Pektine und Gerbstoffe.
- Rhabarber wirkt blutreinigend und reguliert die Darmtätigkeit, ist somit ideal für eine schnelle Gewichtsreduktion.
- In 100 g Rhabarber sind nur ganze 18 Kalorien enthalten.

Im Gemüsefach des Kühlschranks bleibt der Rhabarber absolut frisch. Er läßt sich auch einfrieren. Gefrostet wird er grundsätzlich ohne Zucker.

1. TAG

Frühstück:
Wahlweise Kaffee, Tee oder Kräutertee mit Süßstoff gesüßt
1 Scheibe Vollkornbrot mit dünnem Margarineaufstrich
1 Tomate
1 weichgekochtes Ei

1. Zwischenmahlzeit:
1 Schale vorbereitetes ungezuckertes Rhabarberkompott

Mini-Mittag:
½ Schale Früchtequark
1 Banane

2. Zwischenmahlzeit:
1 Schale vorbereitetes ungezuckertes Rhabarberkompott

Ich wiege heute:

Abendessen:
Tartar mit Zwiebeln
Rezept für 1 Person
100 g mageres frisches Tartarfleisch durch die feine Scheibe des Fleischwolfes drehen. Anschließend mit 1 Ei, 1 feingehackten Zwiebel, 1 TL Kapern, 1 feingehackten Sardellenfilet verrühren. Mit wenig Salz, etwas Pfeffer, einigen Tropfen Essig und Weinbrand abschmecken. Auf 2 Scheiben Vollkornknäckebrot verteilen. Dazu 1 Bund Radieschen.

Betthupferl:
1 Schale vorbereitetes ungezuckertes Rhabarberkompott

Gesamt Kcal:	1.079
Gesamt Kj:	4.521

2. TAG

Frühstück:
Wahlweise Kaffee, Tee oder Kräutertee mit Süßstoff gesüßt
1 Scheibe Vollkornbrot mit dünnem Margarineaufstrich
2 dünne Scheiben Schinkenwurst
1 Gewürzgurke
1 kalorienreduzierter Fruchtjoghurt

1. Zwischenmahlzeit:
1 Schale vorbereitetes ungezuckertes Rhabarberkompott

Mini-Mittag:
1 Tasse Tomatencrèmesuppe (Fertigprodukt)
1 frischer Rettich in feine Scheiben geschnitten und leicht gesalzen
1 Vollkornknäckebrot mit dünnem Margarineaufstrich

2. Zwischenmahlzeit:
1 Schale vorbereitetes ungezuckertes Rhabarberkompott

Ich wiege heute:

Abendessen:
Schweinefilet in Senfsauce
Rezept für 1 Person
100 g Schweinefilet in 2 kleine Medaillons aufteilen. In einer heißen Pfanne mit hitzeverträglichem Fett scharf anbraten, etwas Farbe nehmen lassen. Dann 1 fein gehackte Zwiebel, ½ Tasse feingehackte Senfgurken dazugeben, kurz mitschwitzen und mit ⅛ l Bratensaft angießen. Mit ½ TL schwarzem Pfeffer, 1 TL Essig, 2 EL Preiselbeerkompott würzen und einige Minuten einkochen lassen.
Dazu 1 Portion Salzkartoffeln als Kartoffelschnee.

Betthupferl:
1 Schale vorbereitetes ungezuckertes Rhabarberkompott

Gesamt Kcal:	970
Gesamt Kj:	4.064

3. TAG

Frühstück:
Wahlweise Kaffee, Tee oder Kräutertee mit Süßstoff gesüßt
1 dünne Scheibe Edamer 30 % Fett i. Tr.
1 Scheibe Vollkornknäckebrot mit dünnem Margarineaufstrich
2 Tomaten gewaschen, geviertelt und leicht gesalzen

1. Zwischenmahlzeit:
1 Schale vorbereitetes ungezuckertes Rhabarberkompott

Mini-Mittag:
1 Tasse Kartoffelsuppe (Fertigprodukt)
1 Vollkornbrot mit dünnem Margarineaufstrich mit 1 Bund in Streifen geschnittenen Frühlingszwiebeln belegt.

2. Zwischenmahlzeit:
1 Schale vorbereitetes ungezuckertes Rhabarberkompott

Ich wiege heute:

Abendessen:
Reibedatschi
Rezept für 1 Person
250 g geschälte Kartoffeln reiben, anschließend ausdrücken, mit einer in Würfel geschnittenen Zwiebel und 1/2 Bund gehackter Petersilie vermischen. 1 Ei unterarbeiten, mit wenig Salz, etwas Pfeffer und etwas Muskat würzen. Den Teig mit 1 TL Stärkemehl binden und anschließend in eine antihaftversiegelte Pfanne geben und auf beiden Seiten goldgelb herausbacken.
Dazu 1 Schale Apfelmus.

Betthupferl:
1 Schale vorbereitetes ungezuckertes Rhabarberkompott

Gesamt Kcal:	1.104
Gesamt Kj:	4.625

4. TAG

Frühstück:
Wahlweise Kaffee, Tee oder Kräutertee mit Süßstoff gesüßt
2 Scheiben Vollkornknäckebrot mit dünnem Margarineaufstrich
2 TL kalorienreduzierte Fruchtkonfitüre

1. Zwischenmahlzeit:
1 Schale vorbereitetes ungezuckertes Rhabarberkompott

Mini-Mittag:
1 Paar Wiener Würstchen mit Senf
1 Scheibe Knäckebrot mit dünnem Margarineaufstrich
1 kleines Glas Senfgurken

2. Zwischenmahlzeit:
1 Schale vorbereitetes ungezuckertes Rhabarberkompott

Ich wiege heute:

Abendessen:
Pikantes Gemüsefleisch
Rezept für 1 Person
120 g mageres Rindfleisch in Streifen schneiden und in der antihaft-versiegelten Pfanne anbraten. Rundherum Farbe nehmen lassen. Danach auf die Heißhaltezone der Pfanne schieben. 2 fein gehackte Zwiebeln in der antihaft-versiegelten Pfanne anschwitzen und etwas Farbe nehmen lassen. Dann 1/2 Packung aufgetautes Tiefkühlgemüse dazugeben und zugedeckt bißfest garen. Erst dann das Fleisch mit dem Pfanneninhalt in der Garzone vermischen, mit 2 EL Tomatenketchup binden, mit 1/2 Tasse Sangrita-Pikante oder Tomatensaft ablöschen. Mit 1 Tasse fertiger, heißer Bratensauce auffüllen und alles zusammen einige Minuten einkochen lassen. Zum Schluß mit etwas weißem Pfeffer, einigen Tropfen flüssiger Speisewürze abschmecken.
Dazu: 1 Portion körnig gekochten Reis.

Betthupferl:
1 Schale vorbereitetes ungezuckertes Rhabarberkompott

Gesamt Kcal:	1.092
Gesamt Kj:	4.575

5. TAG

Frühstück:

Wahlweise Kaffee, Tee oder Kräutertee mit Süßstoff gesüßt
1 Scheibe Vollkornbrot mit dünnem Margarineaufstrich
1 Scheibe mageren, gekochten Schinken
1 Scheibe Knäckebrot mit dünnem Margarineaufstrich
½ Salatgurke gewaschen, geschält, in feine Scheiben geschnitten und leicht gesalzen

1. Zwischenmahlzeit:

1 Schale vorbereitetes ungezuckertes Rhabarberkompott

Mini-Mittag:

1 Schale Kräuterquark
1 Scheibe Knäckebrot mit dünnem Margarineaufstrich
1 Bund frische Radieschen
2 Tomaten geviertelt, leicht gesalzen

2. Zwischenmahlzeit:

1 Schale vorbereitetes ungezuckertes Rhabarberkompott

Ich wiege heute:

Abendessen:
Guten-Abend-Roulade

Rezept für 1 Person
120 g Rindsroulade klopfen, mit etwas Salz und etwas Pfeffer würzen. Mit 1 TL scharfem Senf bestreichen und mit ½ TL Paprika bestreuen. 1 kleine Zwiebel in Scheiben schneiden und auf der Roulade verteilen. Anschließend einrollen, festbinden oder feststecken und in der antihaft-versiegelten Pfanne anbraten, rundherum Farbe nehmen lassen. Danach mit ⅛ l fertiger Bratensauce und ⅛ l Sangrita-Pikante oder Tomatensaft aufgießen und zugedeckt, rund 30 Minuten, verschlossen garen.
Dazu gibt es eine Portion Salzkartoffeln.

Betthupferl:

1 Schale vorbereitetes ungezuckertes Rhabarberkompott

Gesamt Kcal:	998
Gesamt Kj:	4.181

Zuschauertips

Beim Zubereiten von Soßen sollte man nicht einfach nur Leitungswasser nehmen. Benutzen Sie das Kochwasser von Salzkartoffeln oder von Gemüse. Das hat den Vorteil: Die Soße wird schon leicht gebunden und die Nährstoffe, die im Kochwasser sind, werden nicht weggeschüttet.
(Frau Mildrid Tokoff aus Hanau 1)

Wenn man Kuchen backen will, ärgert man sich oft darüber, daß man die Butter nicht rechtzeitig aus dem Kühlschrank genommen hat und sie zu hart zum Verarbeiten ist. Raspeln Sie die zu harte Butter einfach in die Schüssel. Im Nu ist sie aufgeweicht und läßt sich leichter verarbeiten.
(Frau Centa Flury aus Deggendorf)

Zur Haupterntezeit verfügt man oft über eine große Menge vollreifer Tomaten, die sehr schnell schimmelig werden. Man kann sie jedoch folgendermaßen verarbeiten: Die Früchte mit Haut und Kernen klein schneiden, in einen Topf geben und im eigenen Saft garen. Anschließend zu Mus verkleinern und in kleine Behälter mit Schraubverschluß füllen. Nach dem Abkühlen den Behälter verschließen und einfrieren. So hat man zu jeder Jahreszeit das Mus als hervorragende Beigabe für Suppen, Saucen, Gulasch, Hackfleischsauce und anderes.
(Herta Maurer aus Flonheim)

Bei Herstellung eines lockeren Erdbeerbodens – mit frischen Erdbeeren – kommt nie genug Saft zusammen. Anstatt Wasser und roten Tortenguß sollte man deswegen Johannisbeersaft zur Gußherstellung verwenden. Johannisbeeren und Erdbeeren ergeben einen tollen fruchtigen Geschmack, der mit einem Spritzer Zitronensaft noch pfiffiger schmeckt.
(Elke Steinhoff aus Künzell)

Das besondere Rezept

Fruchtiger Hirseauflauf

Rezept für 4 Personen

Das braucht man:

200 g Hirse
1/8 l Apfelsaft
1 Schale Erdbeeren
2 Stangen Rhabarber
1/8 l Orangensaft
3 EL Birnendicksaft
4 EL Sonnenblumenkerne (geschält)
1 Vanillestange
1 Zitrone
1/2 Becher Magerquark (= 125 g)
3 Eigelb
2 EL braunen Zucker

1 Auflaufform
etwas Margarine zum Ausfetten
etwas braunen Zucker zum Ausstreuen

So macht man's:

1. Hirse waschen, mit Apfelsaft und Wasser bei geringer Hitze circa 20 Minuten quellen, danach abkühlen lassen.
2. Erdbeeren waschen, putzen und vierteln.
3. Rhabarber schälen, in 3 cm lange Stifte schneiden.
4. Orangensaft mit den Rhabarberstücken kurz dünsten, mit Birnendicksaft süßen, erkalten lassen.
5. Sonnenblumenkerne grob hacken, mit abgeriebener Zitronenschale, Vanillemark und Zitronensaft verrühren.
6. Hirse mit Quark, Sonnenblumenkernen und dem Eigelb gleichmäßig verrühren.
7. Die Masse mit 2/3 der Erdbeeren vermischen, das steifgeschlagene Eiweiß unterheben.
8. Auflaufform ausfetten, mit braunem Zucker ausstreuen und die Masse einfüllen.
9. Im vorgeheizten Backofen bei circa 160 Grad circa 60 Minuten backen.
10. Auflauf etwas abkühlen lassen, stürzen, mit den restlichen Erdbeeren garnieren und servieren.

Das Mehrwertrezept

Südländische Okrasuppe

Rezept für 4 Personen

Dazu braucht man:

2 rote Zwiebeln
2 EL Olivenöl
1 Thymianzweig
1 rote Paprika
1 gelbe Paprika
200 g Okraschoten
1 l Gemüsebrühe (instant)
150 g Thunfisch
Jodsalz
Pfeffer aus der Mühle
Saft 1/2 Zitrone
1 Bund Petersilie

So macht man's:

1. Zwiebeln schälen, fein würfeln, in Öl mit fein gehacktem Thymian langsam glasig schwitzen.
2. Rote und gelbe Paprika schälen, in mundgerechte Streifen schneiden und mit den Zwiebeln andünsten.
3. Okraschoten putzen, in mundgerechte Stücke schneiden, mit dem Paprika dünsten und mit der Gemüsebrühe auffüllen. Circa 10 Minuten köcheln lassen.
4. Thunfisch abtropfen, heiß abwaschen und zerpflücken, zur Suppe geben und darin heiß werden lassen.
5. Petersilie waschen, verlesen, fein schneiden und in die Suppe geben.
6. Mit der Schaumkelle Gemüse und Fisch auf 4 Suppentassen gleichmäßig verteilen und mit der Suppenflüssigkeit auffüllen.

Außenseiter in der Küche

Frühjahrskur

Rezept für 4 Personen

Das braucht man:

1 Römischen Salat
1 Friseesalat
1 Burgundersalat
1 Lollo Rosso
1 Bund Frühlingszwiebeln
4 kleine Knoblauchzehen
1 Bund Radieschen
4 junge Karotten
1 jungen Kohlrabi
2 Bund frische Kräuter (Kresse, Kerbel, Estragon oder Petersilie)

Für das Dressing:

I Eigelb
3 EL Sonnenblumenöl
2 EL Olivenöl
3 EL Obst- oder Apfelessig
Pfeffer aus der Mühle

So macht man's:

1. Salat putzen, waschen, gut abtropfen lassen und in mundgerechte Stücke zerteilen.
2. Die Frühlingszwiebeln waschen und in feine Ringe schneiden.
3. Radieschen putzen, waschen, in Stifte schneiden.
4. Knoblauch schälen, in Scheiben schneiden und mit etwas Salz fein zerreiben.
5. Gemüse schälen, erst in feine Scheiben dann in Streifen schneiden.
6. Kräuter waschen, verlesen, fein schneiden und mit den Salatzutaten in einer Salatschüssel locker mischen.
7. Eigelb verquirlen, mit Öl zu einer sämigen Sauce aufschlagen, Knoblauchpüree dazugeben, mit Essig, Pfeffer und Salz abschmecken und den Salat damit anmachen.
8. Obenauf mit den restlichen Kräutern bestreuen.

Die 5-Tage-Blitzdiät: Melonendiät

Melonen gehören nicht, wie meistens angenommen, zu den Früchten, sondern sie zählen zur Familie der Gurke.

Bei den Melonen unterscheiden wir vor allem zwei Gruppen:

- Die Gruppe der Wassermelonen. Die Riesenfrüchte mit dem leuchtend roten Fleisch und den großen schwarzen Kernen, die als Durstlöscher gerade im Sommer sehr willkommen sind.

  Die Gruppe der Zucker-Melonen, die sich dann in Honig-, Netz-, Ogen- und Kantalup-Melonen unterteilt. Auch diese Melonenarten sind wegen ihres hohen Wassergehaltes ein herrlicher Durstlöscher.

Prüfen Sie beim Kauf die Melonen sorgfältig nach ihrem Reifegrad, auch wenn der Obsthändler das nicht schätzt.

Der Blütenansatz muß auf Druck nachgeben und stark duften. Sie wollen schließlich eine ganz reife Frucht, die köstlich schmecken soll.

Ob Wasser- oder Zuckermelonen: Man sollte sie immer möglichst gut gekühlt essen, denn so schmecken sie am köstlichsten.

Egal, für welche Melonenart man sich entscheidet:

- sie sind ideal für jede Gewichtsreduktion, denn sie haben einen sehr niedrigen Kaloriengehalt, der bei allen Melonenarten mit circa 25 Kalorien auf 100 g Fruchtgewicht äußerst niedrig liegt.
- ihr Gehalt an Kalium und Phosphor im Mineralbereich ist für unsere Gesundheit sehr wichtig.
- mit 25 mg Vitamin C pro 100 g Fruchtgewicht sprechen ihre inneren Werte eine deutliche Sprache
- außerdem bieten sich Melonen für die Entschlackung des Körpers durch ihren Entwässerungseffekt geradezu an.

Angeschnittene Melonen, die nicht gleich verzehrt werden, sollte man immer in Klarsichtfolie verpacken, damit die Schnittfläche nicht austrocknet und auch kein Vitamin C verloren geht.

Außerdem sind sie nach dem Einkauf lichtgeschützt und kühl zu lagern, damit die Qualität werthaltig bleibt.

1. TAG

Frühstück:
Wahlweise Kaffee, Tee oder Kräutertee mit Süßstoff gesüßt
1 Scheibe Vollkornbrot mit dünnem Margarineaufstrich
1 Magerjoghurt mit 2 EL Fruchtsaft glattrühren. 1 TL Rosinen, 2 EL Vollkornflocken, geschrotetes Weizenkorn hinzugeben. 1 Stück Melone kleinschneiden und unter die Müslimischung heben.

1. Zwischenmahlzeit:
1/4 Honigmelone

Mini-Mittag:
1 gebratene Hähnchenkeule, kalt oder warm
1 kleines Glas Pusztasalat oder
1 kleines Glas Krautsalat
1 Scheibe Knäckebrot mit dünnem Margarineaufstrich

2. Zwischenmahlzeit:
1/4 Honigmelone

Ich wiege heute:

Abendessen:
Heilbuttsteak mit Zitronenschaum
Rezept für 1 Person
1 Heilbuttsteak mit circa 150 g Gewicht leicht salzen, etwas pfeffern, mit Zitronensaft und flüssiger Speisewürze beträufeln. Anschließend das Heilbuttsteak in einer Pfanne braten, etwas Farbe nehmen lassen. In der Zwischenzeit 2 Eigelb mit 1/2 Tasse Weißwein, dem Saft 1 Zitrone, 1/2 TL geriebener Zitronenschale, 1 Spritzer flüssiger Speisewürze, etwas Salz, etwas Pfeffer und 1 Tropfen flüssigem Süßstoff verrühren und im Wasserbad oder am Rande des Herdes mit dem Schneebesen zu einem Schaum aufschlagen, den man dann über das Heilbuttsteak verteilt.
Dazu: 1 Portion körnig gegarten Reis

Betthupferl:
1/4 Honigmelone

Gesamt Kcal:	1.065
Gesamt Kj:	4.462

2. TAG

Frühstück:
Wahlweise Kaffee, Tee oder Kräutertee mit Süßstoff gesüßt
1 Scheibe Vollkornbrot mit dünnem Margarineaufstrich
1 dünne Scheibe Schnittkäse
1/2 Salatgurke gewaschen, geschält, in feine Scheiben geschnitten und leicht gesalzen

1. Zwischenmahlzeit:
1 große Spalte Wassermelone

Mini-Mittag:
1 Becher kalorienreduzierten Fruchtjoghurt
1 Scheibe Vollkornknäckebrot mit dünnem Margarineaufstrich
1 TL Bienenhonig

2. Zwischenmahlzeit
1 große Spalte Wassermelone

Ich wiege heute:

Abendessen:
Kalbsteak mit grünem Pfeffer
Rezept für 1 Person
150 g Kalbssteak leicht salzen, etwas pfeffern und in einer antihaft-versiegelten Pfanne braten, Farbe nehmen lassen. Danach das Fleisch herausnehmen, kurz warm stellen und in der Pfanne 1/2 Tasse Weißwein, 3 EL Sahne, 1/2 TL Thymian, 1/2 TL Rosmarin, 1 TL zerdrückte grüne Pfefferkörner miteinander vermischen und einige Minuten einkochen lassen. Die Sauce über das Steak geben und mit 1/2 Bund fein geschnittenem Schnittlauch bestreuen. Dazu 1 Portion gekochten Naturreis.

Betthupferl:
1 große Spalte Wassermelone

Gesamt Kcal:	1.012
Gesamt Kj:	4.240

3. TAG

Frühstück:

Wahlweise Kaffee, Tee oder Kräutertee mit Süßstoff gesüßt
1 Scheibe Vollkornbrot mit dünnem Margarineaufstrich
1 dünne Scheibe Fleischkäse (maximal 50 g)
2 Tomaten gewaschen, geviertelt und leicht gesalzen

1. Zwischenmahlzeit:

1 große Spalte Wassermelone

Mini-Mittag:

2 Scheiben rosa gebratenes Roastbeef kalt oder
2 Scheiben kalten Kalbsbraten
1 TL frischen geriebenen oder konservierten Meerrettich
1 Scheibe Vollkornknäckebrot mit dünnem Margarineaufstrich

2. Zwischenmahlzeit:

1 große Spalte Wassermelone

Ich wiege heute:

Abendessen:
Biergartensalat

Rezept für 1 Person
½ Rettich schälen, 1 Bund Radieschen putzen, waschen. Beides in feine Scheiben hobeln. 1 kleinen Harzer Käse erst in Scheiben, dann in dünne Streifen schneiden. Den Käse in 1 EL Öl, 1 mit Jodsalz zerriebenen Knoblauchzehe, 1 EL Majoran einlegen. Mindestens 2 Stunden ziehen lassen. Rettich- und Radieschenscheiben mit dem Kräuter-Knoblauchöl und 1 EL Essig anmachen, den Käse unterheben. 1 Kästchen Gartenkresse abschneiden, waschen und unter den Salat mischen.
Dazu 1 Scheibe Vollkornknäckebrot mit dünnem Margarineaufstrich.

Betthupferl:

1 große Spalte Wassermelone

Gesamt Kcal:	982
Gesamt Kj:	4.114

4. TAG

Frühstück:

Wahlweise Kaffee, Tee oder Kräutertee mit Süßstoff gesüßt
1 Scheibe Vollkornbrot mit dünnem Margarineaufstrich
1 Scheibe gekochten Schinken (30 g)
1 Spiegelei

1. Zwischenmahlzeit:

¼ Honigmelone

Mini-Mittag:

1 Scheibe Fleisch oder Geflügelsülze mit circa 150 g Gewicht
1 Scheibe Vollkornbrot mit dünnem Margarineaufstrich
1 kleines Glas rote Bete

2. Zwischenmahlzeit:

¼ Honigmelone

Ich wiege heute:

Abendessen:
Putenschnitzel mit Rosenkohl

Rezept für 1 Person
2 Zwiebeln schälen, fein hacken und in der antihaft-versiegelten Pfanne glasig dünsten. 1 Scheibe mageren, gekochten Schinken in feine Würfel schneiden, zu den Zwiebeln in die Pfanne geben und mitschwitzen. 1 Banane schälen, in Würfel schneiden, zum Pfanneninhalt geben und ebenfalls kurz mitschwitzen. Danach 250 g vorgegarten Rosenkohl in die Pfanne geben und heiß werden lassen. Alles leicht salzen und mit weißem Pfeffer sowie etwas Muskat abschmecken. Dann den Pfanneninhalt auf die Heißhaltezone schieben. In der Garzone der antihaft versiegelten Pfanne 1 Putenschnitzel mit circa 150 g Gewicht anbraten und von beiden Seiten Farbe nehmen lassen, dann abdecken und das Putenfleisch durchbraten.
Dazu: 1 Portion Instant-Kartoffelpüree

Betthupferl:

¼ Honigmelone

Gesamt Kcal:	980
Gesamt Kj:	4.106

5. TAG

Frühstück:

Wahlweise Kaffee, Tee oder Kräutertee mit Süßstoff gesüßt
1 Scheibe Vollkornbrot mit dünnem Margarineaufstrich
1 Scheibe fettarmen Schnittkäse (30%)
2 Tomaten geviertelt, leicht gewürzt
1 Vollkornknäckebrot mit dünnem Margarineaufstrich

1. Zwischenmahlzeit:

1/4 Honigmelone

Mini-Mittag:

1 Tasse Lauchcrèmesuppe (Fertigprodukt)
2 Karotten geraspelt
1 Sellerieknolle geraspelt
1 Apfel geraspelt
Alles zusammen mit etwas Zitronensaft, ganz wenig Zucker und einem Spritzer Sekt angemacht.

2. Zwischenmahlzeit:

1/4 Honigmelone

Ich wiege heute:

Abendessen:
Tomatennudeln

Rezept für 1 Person
In einer antihaft-versiegelten Pfanne 1 fein gehackte Zwiebel anschwitzen. 50 g gekochten Schinken in feine Streifen schneiden und in die Pfanne geben. 2 Tomaten schälen, halbieren, entkernen, in Würfel schneiden und in die Pfanne geben, kurz mitschwitzen. Danach 100 g vorgekochte, gut abgetropfte Eiernudeln beliebiger Sorte darin heiß werden lassen. Mit 3 EL Tomatenketchup binden, mit etwas Salz, weißem Pfeffer und 1/2 TL Basilikumkraut oder Oregano abschmecken. Mit 1 EL Reibekäse bestreuen.

Betthupferl:

1/4 Honigmelone

Gesamt Kcal:	997
Gesamt Kj:	4.177

Küchentips

Geflügel, frisch, gefroren oder tiefgefroren, kann sich leicht mit Salmonellen infizieren. Daher muß man bei der Zubereitung besonders vorsichtig sein. Unterlage und Messer sofort mit heißem Wasser reinigen und darauf achten, daß der Fleischsaft nicht mit anderen Lebensmitteln, die nicht erhitzt werden, wie Salat, Wurst etc. in Berührung kommt. Das Geflügelfleisch selbst ist nach der Hitzebehandlung (Garen, Braten) einwandfrei, weil dabei alle Keime abgetötet werden.

In der Küche kann beim Kochen Energie gespart werden. Hierbei ist es durchaus ratsam, sich an Omas Kochmethoden zu erinnern – es wird nicht nebeneinander, sondern ganz einfach übereinander gekocht. Voraussetzung: Passende Töpfe, die sich gut stapeln lassen. Direkt auf der Kochplatte steht das Gericht mit der längsten Garzeit, darauf wird der nächste Topf gesetzt.

Wenn die Sahne beim Schlagen nicht steif wird und auch kein Sahnesteif im Hause ist, dann gibt man unter ständigem Schlagen etwas Instant-Vanillepuddingpulver hinzu. Die Sahne gelingt ausgezeichnet.

Die handelsüblichen Eierpackungen sollte man nicht wegwerfen. Man schneidet den unteren Teil ab, füllt ihn mit Blumenerde und sät Kressesamen hinein. In wenigen Tagen – man kann es förmlich wachsen sehen – sprießt ein schönes Beet. Nach der Ernte erst wandern die Kartons in den Mülleimer.

Küchenbretter aus Holz sollten vor jedem Gebrauch kurz mit kaltem Wasser abgespült werden. Dabei verschließen sich die Poren und das Brett nimmt weder Geruch noch Farbstoffe auf. Und sie sind später leicht zu reinigen.

Das besondere Rezept

Sommersalat

Rezept für 4 Personen

Das braucht man:

1 Honigmelone
1 Kopf Lollo Rosso
1 Bund Frühlingszwiebeln
1 Knolle Fenchel

Für das Dressing:

3 EL Obstessig
4 EL Olivenöl
2 EL Sonnenblumenöl
Jodsalz
schwarzen Pfeffer aus der Mühle

So macht man's:

1. Honigmelone schälen, halbieren, Kerne mit einem Löffel auskratzen, in mundgerechte Stücke schneiden.
2. Salat putzen, waschen, gut abtropfen lassen und in mundgerechte Stücke zerteilen.
3. Frühlingszwiebeln putzen, waschen, das Grün in Ringe und das Weiße in feine Scheiben schneiden.
4. Fenchelknolle putzen, auseinanderbrechen, die Fäden ziehen und in ganz feine Scheiben schneiden oder hobeln. Das Fenchelgrün fein schneiden.
5. Alle Zutaten locker miteinander vermischen.
6. Aus Essig, Öl, Jodsalz, Pfeffer, mit dem Schneebesen ein sämiges Dressing rühren, über den Salat geben und mit dem Fenchelgrün gut durchmischen.

Das Mehrwertrezept

Gebratene Kohlrabischeiben

Rezept für 4 Personen

Das braucht man:

4 junge große Kohlrabi
Jodsalz
100 g Vollkornsemmelbrösel
50 g geriebene, süße Mandeln
Pfeffer aus der Mühle
Vollkornmehl zum Wenden
1–2 Eier
Kokosfett zum Braten

Für die Sauce:

2 Zwiebeln
2 EL Margarine
1 reife Banane
1 EL Currypulver
3/8 l–1/2 l Gemüse- oder Hühnerbrühe
1/2 Becher Crème fraîche
Jodsalz
Pfeffer aus der Mühle

So macht man's:

1. Kohlrabi schälen, in 1 cm dicke Scheiben schneiden, leicht salzen.
2. In wenig Wasser oder tropfnaß bißfest garen.
3. Kohlrabischeiben auf Küchenkrepp legen, abtropfen lassen.
4. Vollkornsemmelbrösel gut mit den geriebenen Mandeln vermischen und zum Panieren bereitstellen.
5. Die Kohlrabischeiben noch leicht pfeffern und mit Muskat würzen. Dann erst im Mehl, dann in den mit Wasser verschlagenen Eiern und zum Schluß im Paniermehl wenden, also panieren.
6. In einer Pfanne Kokosfett heiß werden lassen, die Kohlrabischeiben darin langsam goldgelb braten.
7. Zwiebeln schälen, halbieren, in Scheiben schneiden und in Margarine glasig schwitzen.
8. Banane schälen, würfeln, zu den Zwiebeln geben, mit Curry stäuben, mit Gemüse- oder Hühnerbrühe ablöschen und 5 Minuten köcheln lassen.
9. Mit dem Stabmixer pürieren, durch ein Haarsieb gießen, mit Crème fraîche verfeinern, evtl. mit Gemüse- oder Hühnerbrühe etwas verdünnen und mit Salz und Pfeffer abschmecken. Zu den Kohlrabischnitzeln servieren.

Außenseiter in der Küche

Spinatcrèmesuppe

Rezept für 4 Personen

Das braucht man:

300 g zarte, junge Spinatblätter
1 kleine Zwiebel
1 EL Margarine
2 kleine Kartoffeln
2 große Tassen Gemüsebrühe
1 Tasse Schlagsahne
2 EL Crème fraîche
Pfeffer aus der Mühle
1 Msp Muskatnuß

So macht man's:

1. Die Blätter waschen, abtropfen und grob hacken.
2. Die Zwiebel schälen, fein hacken und in Margarine glasig schwitzen.
3. Die Kartoffeln schälen, fein würfeln, zu den Zwiebeln geben.
4. Die Spinatblätter hinzugeben und unter Rühren mitschwitzen.
5. Mit der heißen Gemüsebrühe und der Sahne aufgießen, 5 Minuten köcheln lassen. Danach mit dem Stabmixer kurz pürieren.
6. Mit Crème fraîche verfeinern, mit Pfeffer und Muskatnuß abschmecken.
7. Wenn man es sämiger liebt, mit pflanzlichem Diät-Bindemittel eindicken.

Die 5-Tage-Blitzdiät: Pfirsichdiät

Zwar glaubte man früher den Pfirsich in Persien beheimatet, daher auch der Name „Persischer Apfel", doch stammt die Frucht aus China und gelangte lediglich über Persien nach Europa. Heute wird sie aus Italien, Griechenland, Frankreich und den USA importiert. Es gibt zwei Sorten: Pfirsiche mit weißem und mit gelb-orangem Fruchtfleisch. Die weißen Früchte haben ein wesentlich besseres Aroma, jedoch weniger Vitamin A. Pfirsiche sind ernährungsphysiologisch aus folgenden Gründen wertvoll:

- sie haben nur einen Kaloriengehalt von 46 kcal pro 100g
- Pfirsiche enthalten sehr viel Carotin, die Vorstufe des Vitamin A
- sie regen die Verdauung an und sind deswegen sehr bekömmlich

Grünliche Pfirsiche mit weißem Fruchtfleisch haben das beste Aroma.

Reifes Pfirsichfleisch ist zartschmelzend, saftig und aromatisch im Geschmack.

Ein kleiner Nachteil vieler früh- und mittelreifer Pfirsichsorten ist die schwere Steinlöslichkeit. Erst bei Spätsorten löst sich der Stein leicht vom Fruchtfleisch. Der Stein darf bei Pfirsichen nicht mitgegessen werden, da er die giftige Blausäure enthält.

Pfirsiche und Nektarinen sind nahe Verwandte. Nektarinen sind eine Kreuzung aus Pfirsich und Pflaume und werden immer bliebter. Sie haben die gleiche Form wie Pfirsiche, sind jedoch meist etwas kleiner und unterscheiden sich außerdem durch die glatte Haut, einen leicht löslichen Stein und den weinartigen Geschmack.

Pfirsiche lassen sich auch gut einfrieren. Sie sollten jedoch folgendes beachten: Die Haut von reifen Pfirsichen abziehen, die Frucht halbieren und den Kern herausnehmen. Fruchtstücke in den Gefrierbehälter füllen und mit Zuckerlösung übergießen. Wenn Sie außerdem Zitronensäure hinzufügen, verfärbt sich das Fruchtfleisch nach dem Auftauen nicht braun.

1. TAG

Frühstück:
Wahlweise Kaffee, Tee oder Kräutertee mit Süßstoff gesüßt
1 Scheibe Vollkornbrot mit dünnem Margarineaufstrich
2 Scheiben Geflügelaufschnitt
1 mittelgroßen Apfel

1. Zwischenmahlzeit:
1 frischen Pfirsich

Mini-Mittag:
1 Bockwurst mit scharfem Senf
1 kleines Glas rote Bete
1 Scheibe Vollkornbrot mit dünnem Margarineaufstrich

2. Zwischenmahlzeit:
1 frischen Pfirsich

Ich wiege heute:

Abendessen:
Spanisches Fischgulasch
Rezept für 1 Person
200 g beliebiges Seefischfilet in Würfel schneiden, mit etwas Zitronensaft und flüssiger Speisewürze beträufeln, mit Salz und Pfeffer würzen. 1 mittelgroße Zwiebel, 1 kleine grüne Paprikaschote und 1/2 Stange Lauch waschen und ebenfalls in Streifen schneiden. Zwiebeln, Paprikaschoten und Lauch in einer antihaft-versiegelten Pfanne mit 1 Tasse fertiger Fleischbrühe und 1 Tasse Weißwein dünsten und nach rund 7 Minuten die Fischstücke dazugeben und weitere 15 Minuten ohne starkes Kochen garziehen lassen. Das Gericht mit 1 TL Paprikapulver und 1/2 TL Basilikum abschmecken.
Dazu: 1 Portion körnig gekochten Reis

Betthupferl:
1 frischen Pfirsich

Gesamt Kcal:	1.012
Gesamt Kj:	4.240

2. TAG

Frühstück:
Wahlweise Kaffee, Tee oder Kräutertee mit Süßstoff gesüßt
1 Scheibe Vollkornknäckebrot mit dünnem Margarineaufstrich
2 Scheiben fettarmen Käse (30%)
1 Spiegelei

1. Zwischenmahlzeit:
1 frischen Pfirsich

Mini-Mittag:
1 Becher kalorienreduzierten Fruchtjoghurt
1 Scheibe Vollkornknäckebrot mit dünnem Margarineaufstrich
1 kleine Banane

2. Zwischenmahlzeit:
1 frischen Pfirsich

Ich wiege heute:

Abendessen:
Austernpilzragout
Rezept für 1 Person
1/2 rote und 1/2 grüne Paprika waschen, 1 Schale Austernpilze putzen, beides in Streifen schneiden. 1 Zwiebel schälen, halbieren und in Scheiben schneiden. Zwiebeln in wenig Fett dünsten, mit Paprikapulver bestäuben, die Paprikastreifen und die Austernpilze zugeben, mit Jodsalz und Pfeffer würzen. Mit 1/4 l Gemüsebrühe ablöschen, 2 kleine gekochte Kartoffeln in Scheiben schneiden und circa 10 Minuten köcheln lassen, mit einem kalorienarmen, pflanzlichen Bindemittel eindicken.
Dazu: Eine kleine Portion Naturreis

Betthupferl:
1 frischen Pfirsich

Gesamt Kcal:	1.043
Gesamt Kj:	4.370

3. TAG

Frühstück:

Wahlweise Kaffee, Tee oder Kräutertee mit Süßstoff gesüßt
1 Scheibe Vollkornbrot mit dünnem Margarineaufstrich
2 dünne Scheiben magere Fleischwurst
1 Gewürzgurke
2 Tomaten gewaschen, geviertelt und leicht gesalzen

1. Zwischenmahlzeit:

1 frischen Pfirsich

Mini-Mittag:

½ Becher Frühlingsquark mit Kräutern
1 Bund frische Radieschen
1 Scheibe Vollkornknäckebrot mit dünnem Margarineaufstrich

2. Zwischenmahlzeit:

1 frischen Pfirsich

Ich wiege heute:

Abendessen:
Pikante Kartoffelpfanne

Rezept für 1 Person
2 große vorgegarte Kartoffeln in kleine Würfel schneiden. 1 kleine Zwiebel und 1 Gewürzgurke fein hacken. In einer antihaft-versiegelten Pfanne die Kartoffeln anschwitzen, leicht Farbe nehmen lassen. Dann die gehackte Zwiebel, die gehackte Gewürzgurke und 50 g in feine Würfel geschnittenen, gekochten Schinken dazugeben. Alle Zutaten einige Minuten mitschwitzen. In der Zwischenzeit 2 Eier mit etwas Mineralwasser, etwas Salz, etwas Pfeffer und ½ TL Majoran verschlagen über die Kartoffelmischung in die Pfanne geben und unter ständigem Rühren stocken lassen.
Dazu: 1 große Schale Tomatensalat mit fein gehackten Zwiebeln und Schnittlauch.

Betthupferl:

1 frischen Pfirsich

Gesamt Kcal:	978
Gesamt Kj:	4.097

4. TAG

Frühstück:

Wahlweise Kaffee, Tee oder Kräutertee mit Süßstoff gesüßt
1 Scheibe Vollkornbrot mit dünnem Margarineaufstrich
1 TL kalorienreduzierte Fruchtmarmelade
½ Schale Früchtequark

1. Zwischenmahlzeit:

1 frischen Pfirsich

Mini-Mittag:

1 Portion Rahmspinat (200 g Tiefkühlprodukt)
1 Spiegelei
1 Portion Salzkartoffeln

2. Zwischenmahlzeit:

1 frischen Pfirsich

Ich wiege heute:

Abendessen:
Bauernpfanne

Rezept für 1 Person
In ein Schweineschnitzel (100 g) eine Tasche schneiden und mit rohem Sauerkraut füllen. Mit Salz, Pfeffer und Paprika würzen und in einer antihaft-versiegelten Pfanne auf beiden Seiten anbraten. ½ Becher Joghurt mit 1 Ei und 1 EL gehackten Kräutern verrühren, mit Salz, Pfeffer, Muskat und gemahlenem Kümmel würzen. Das Schnitzel mit Senf bestreichen, die Joghurtmasse darüber verteilen und im Bratrohr stocken lassen.

Betthupferl:

1 frischen Pfirsich

Gesamt Kcal:	956
Gesamt Kj:	4.005

5. TAG

Frühstück:
Wahlweise Kaffee, Tee oder Kräutertee mit Süßstoff gesüßt
1 Scheibe Vollkornbrot mit dünnem Margarineaufstrich
3 dünne Scheiben fettarmen Camembert
½ Salatgurke gewaschen, geschält, in feine Scheiben geschnitten und leicht gesalzen

1. Zwischenmahlzeit:
1 frischen Pfirsich

Mini-Mittag:
½ Schale Früchtequark
1 Scheibe Vollkorntoast
1 frischen Pfirsich

2. Zwischenmahlzeit:
1 frischen Pfirsich

Ich wiege heute:

Abendessen:
Kalbsleber Allgäuer Art
Rezept für 1 Person
2 mittelgroße Zwiebeln schälen, in feine Scheiben schneiden. Anschließend in der antihaft-versiegelten Pfanne anschwitzen und leicht Farbe nehmen lassen. Mit weißem Pfeffer, ganz wenig Muskat und etwas Paprikapulver bestreuen und auf die Heißhaltezone der Pfanne schieben. Zwei Scheiben Kalbsleber mit je circa 60 g ganz leicht salzen, mit weißem Pfeffer würzen und mit Majoran einreiben. 1 Ei mit etwas Wasser verschlagen, mit 2 EL Reibekäse verrühren und die Leberscheiben darin wenden. Anschließend die beiden Leberscheiben in der antihaft-versiegelten Pfanne braten. Die Eihülle darf ruhig etwas Farbe nehmen. Zum Schluß die Kräuterzwiebeln über den Leberscheiben verteilen.
Dazu: 1 große Schüssel beliebigen Blattsalat

Betthupferl:
1 frischen Pfirsich

Gesamt Kcal:	980
Gesamt Kj:	4.106

Küchentips

Bei richtiger Behandlung können sich auch Oliven im Glas unbegrenzt halten. Wichtig ist, daß sie mit Salzlösung bedeckt sind, notfalls ist also fehlende Flüssigkeit durch Wasser zu ergänzen. Legt man oben auf die Lösung eine Scheibe Zitrone, so daß die Oberfläche damit abgedeckt ist, halten sich die Oliven am längsten.

Süße Sahne im Kühlschrank, die sauer geworden ist, kann man weiterverwenden, wenn sie nicht schon bitter schmeckt. Mit einem Spritzer Zitronensaft und Stehenlassen bei Zimmertemperatur bilden sich neue Bakterienkulturen und die süße Sahne wird innerhalb von 2 Tagen zur sauren Sahne.

Will man in einer Schüssel mit abgerundetem Boden eine Creme aufschlagen oder einen Teig anrühren, kann man nicht gut mit zwei Händen arbeiten. Die Schüssel bleibt stehen, wenn man ein Handtuch durchnäßt, zu einem Kreis mit dem Durchmesser des Schüsselbodens schlingt und auf die Arbeitsfläche legt. Jetzt kann man die Schüssel in die Mulde hineinstellen.

Viele Salatsaucen schmecken fade, da die Reihenfolge der Zutaten falsch gewählt wurde. Im Essig entfaltet sich das Aroma der Kräuter besonders gut und das Salz löst sich leichter auf. Pures Öl verschließt dagegen die Poren der Kräuter. Darum geben Sie das Öl erst zum Schluß zur Marinade.

Das besondere Rezept

Sommerliche Reispastete

Rezept für 4 Personen

Das braucht man:

200 g Vollkornreis
3/4 l Milch
1/2 Zimtstange
4 EL braunen Zucker
1 Vanillestange
Schale 1 unbehandelten Zitrone
4 reife Pfirsiche
3 Blatt Gelatine
Saft 1 Zitrone
1 EL Birnendicksaft
1/2 Bund Zitronenmelisse

So macht man's:

1. Vollkornreis unter fließendem Wasser gut abspülen.
2. Milch mit Zimtstange und Zucker aufkochen, das Vanillemark auskratzen und dazugeben.
3. Den Reis einstreuen und bei geringer Hitze circa 45 Minuten leicht bißfest kochen.
4. Die Zimtstange entfernen, die abgeriebene Zitronenschale unterrühren und den Reis lauwarm werden lassen.
5. Pfirsiche überbrühen, schälen, halbieren, den Kern entfernen, zwei davon pürieren, die anderen in kleine Stücke schneiden.
6. Gelatine in kaltem Wasser einweichen, tropfnaß heiß zergehen lassen und mit den Pfirsichstücken unter den Reis heben.
7. Die Masse in eine große oder mehrere kleine Formen füllen, mit Klarsichtfolie abdecken und im Kühlschrank mindestens 3 Stunden fest werden lassen.
8. Das Pfirsichpüree mit Zitronen-, Birnendicksaft und feingeschnittener Zitronenmelisse abschmecken.
9. Zum Servieren Püree auf den Teller geben, 1 Scheibe Reispastete darauf anrichten und mit frischen Pfirsichspalten garnieren.

Das Mehrwertrezept

Vegetarische Paprikaschoten

Rezept für 4 Personen

Das braucht man:

4 mittelgroße Paprikaschoten
1 kleinen Blumenkohl
Saft 1 Zitrone
1 Prise Jodsalz
Pfeffer aus der Mühle
1 Msp Muskatnuß
2 EL Margarine
50 g geriebenen Emmentaler
2 Eier
1 Bund glatte Petersilie
2 gelbe Paprikaschoten
2 kleine Zwiebeln
1 TL Paprikapulver
1/2 TL weißen Pfeffer
1 Becher Sahne

So macht man's:

1. Paprikaschoten waschen, einen Deckel abschneiden und das Kerngehäuse entfernen.
2. Den Blumenkohl putzen, waschen, in Röschen zerteilen und in wenig Wasser oder tropfnaß bißfest garen.
3. Blumenkohlsud mit Zitronensaft, wenig Jodsalz, Pfeffer, Muskatnuß und 1 Flöckchen Margarine abschmecken.
4. Die restliche Margarine in der Küchenmaschine schaumig rühren, den abgetropften, trockenen Blumenkohl hinzugeben und fein mixen.
5. Das Püree mit Emmentaler, Eiern, gehackter Petersilie, Paprika und 3 EL Sahne mixen und verfeinern, eventuell mit Jodsalz und Pfeffer nachschmecken.
6. Die Masse in die Paprikaschoten füllen, in eine gefettete Auflaufform füllen und mit Gemüsebrühe angießen.
7. Im auf 180 Grad vorgeheizten Backofen circa 15 Minuten garen.
8. Gelbe Paprika mit Paprikapulver und weißem Pfeffer und mit feingehackten Zwiebeln andünsten, mit Geflügelbrühe auffüllen und einkochen, bis eine sämige Sauce entstanden ist, die zu den gefüllten Paprikaschoten gereicht wird.

Außenseiter in der Küche

Warmer Eisbergsalat

Rezept für 4 Personen

Das braucht man:

1 kleinen Kopf Eisbergsalat
1 kleinen Lollo Rosso oder Burgundersalat
200 g frische Champignons
Saft einer Zitrone

Für das Dressing:

1 Stange Lauch
2 Zwiebeln
4 EL Öl
1 Tasse Weißwein
4 EL Obstessig
2 Knoblauchzehen
1 TL Salz
2 cl Weinbrand
1 Bund Schnittlauch

So macht man's:

1. Die Blattsalate putzen, waschen, in mundgerechte Stücke zerteilen und auf einem Sieb abtropfen lassen.
2. Champignons putzen, waschen, in Scheiben schneiden und mit Zitronensaft beträufeln.
3. Lauch putzen, längs halbieren, waschen und in feine Streifen schneiden.
4. Zwiebeln schälen und in feine Würfel schneiden.
5. Öl in einer Pfanne leicht erhitzen, Lauch und Zwiebeln darin glasig schwitzen, mit Weißwein und Essig angießen.
6. Knoblauchzehen schälen, in feine Scheiben schneiden, mit Salz zerreiben und dazugeben.
7. Weinbrand hinzugeben, Pfanne schräg von sich weghalten, den Alkohol entzünden, abbrennen lassen und vom Feuer nehmen.
8. Die Blattsalate und Champignons mischen, das Dressing warm über den Salat verteilen.
9. Schnittlauch in feine Röllchen schneiden und den Salat damit garnieren.

Die 5-Tage-Blitzdiät: Johannisbeerdiät

Die Johannisbeeren gehören wegen ihres säuerlichen, erfrischenden Geschmacks zu den beliebtesten Beerenfrüchten eines Sommers.

Sie haben einen bemerkenswerten Anteil an Fruchtsäuren, die appetitanregend wirken.

Ebenfalls bemerkenswert ist der Vitamin C-Gehalt:
100 g rote Johannisbeeren enthalten 36 mg, 100 g schwarze Johannisbeeren sogar 177 mg Vitamin C. Das Vitamin C der schwarzen Johannisbeere ist besonders unempfindlich gegen Hitze und Sauerstoff, was gleichbedeutend mit der Tatsache ist, daß es auch nach dem Kochen weitgehend erhalten bleibt.

Egal ob schwarze oder rote Johannisbeeren:
Sie liefern uns außerdem vergleichsweise viel Kalium, Calcium und Phosphor.

Schwarze Johannisbeeren spielen auf dem Frischmarkt keine große Rolle. Sie werden in der Hauptsache zu Konfitüren, Gelees, Säften oder Spirituosen verarbeitet.

Der Umgang mit roten Johannisbeeren ist einfach:

- Beim Einkauf auf einwandfreie Ware achten: Die Beeren möglichst gleich verwenden oder auf einem Tablett ausbreiten und kühl, möglichst nicht länger als einen Tag lagern.
- Johannisbeeren wäscht man im stehenden Wasser, läßt sie gut abtropfen und streift dann die Beeren von der Rispe, was auch mit einer Gabel geht, damit die Hände sauber bleiben.
- Rote Johannisbeeren eignen sich hervorragend fürs Einfrieren:

  Die gewaschenen und gut abgetropften Früchte werden von der Rispe gestreift, auf ein Tablett gelegt und einzeln ohne Zucker gefrostet, danach in Klarsichthüllen gegeben und in die Tiefkühltruhe gelegt. So einfach ist es. Sofort nach dem Auftauen sind sie dann fast ebenso knakkig und würzig wie die frischen Beeren.

1. TAG

Frühstück:

Wahlweise Kaffee, Tee oder Kräutertee mit Süßstoff gesüßt
1 Scheibe Vollkornbrot mit dünnem Margarineaufstrich
1 TL Blütenhonig
1 kleinen Becher Fertigmüsli

1. Zwischenmahlzeit:

1 Schale Johannisbeeren

Mini-Mittag:

1 große Schale rohes Sauerkraut
2 dünne Scheiben rohen Schinken
1 Scheibe Vollkornbrot mit dünnem Margarineaufstrich

2. Zwischenmahlzeit:

1 Schale Johannisbeeren

Ich wiege heute:

Abendessen:
Rumpsteak mit Meerrettich

Rezept für 1 Person
1 Rumpsteak mit 150 g Gewicht in einer antihaft-versiegelten Pfanne scharf anbraten und je nach Geschmack englisch, medium oder durch weiterbraten. Anschließend leicht salzen und pfeffern. 1 Apfel schälen, so fein wie möglich reiben und ihn mit einem Löffel frisch geschabtem Meerrettich vermischen. Auf einem Salatblatt neben dem Rumpsteak anrichten.
Dazu: 1 Schale Salat aus 250 g grünen Bohnen mit fein gehackten Zwiebeln und einem Essig-Dressing.

Betthupferl:

1 Schale Johannisbeeren

Gesamt Kcal:	1.044
Gesamt Kj:	4.374

2. TAG

Frühstück:

Wahlweise Kaffee, Tee oder Kräutertee mit Süßstoff gesüßt
1 Scheibe Vollkornknäckebrot mit dünnem Margarineaufstrich
1 Portion Frischkäse
2 rohe Karotten

1. Zwischenmahlzeit:

1 Schale Johannisbeeren

Mini-Mittag:

1 Portion Pichelsteiner-Eintopf (Tiefkühl- oder Fertigprodukt)
1 Becher Götterspeise mit Himbeergeschmack

2. Zwischenmahlzeit:

1 Schale Johannisbeeren

Ich wiege heute:

Abendessen:
Feines Käsefilet

Rezept für 1 Person
2 Scheiben Schweinefilet mit je maximal 60 g Gewicht in einer antihaft-versiegelten Pfanne von beiden Seiten braten. Das Fleisch anschließend in eine, mit ganz wenig Margarine ausgefettete, feuerfeste Form legen und leicht mit Salz, sowie etwas weißem Pfeffer würzen. 1 Eckchen Kräuterschmelzkäse mit 1 Kästchen fein gehackter frischer Gartenkresse vermischen und auf den Schweinefilets verteilen. Anschließend die feuerfeste Form mit den Schweinefilets in die Oberschiene des mit höchster Temperatur vorgeheizten Bratrohres schieben und kurz überkrusten.
Dazu: 1 große Schüssel gemischten Salat mit Italien-Dressing

Betthupferl:

1 Schale Johannisbeeren

Gesamt Kcal:	1.041
Gesamt Kj:	4.361

3. TAG

Frühstück:
Wahlweise Kaffee, Tee oder Kräutertee mit Süßstoff gesüßt
1 Scheibe Vollkornknäckebrot mit dünnem Margarineaufstrich
1 TL kalorienreduzierte Fruchtkonfitüre
1 Magerjoghurt mit 2 EL Fruchtsaft glattrühren. 1 TL Rosinen, 2 EL Vollkornflocken/geschrotetes Weizenkorn hinzugeben. 2 EL Johannisbeeren waschen, abzupfen und unter die Müslimischung geben.

1. Zwischenmahlzeit:
1 Schale Johannisbeeren

Mini-Mittag:
1 kleine Salatgurke schälen, halbieren, mit einem Teelöffel die Kerne herausholen. Anschließend fein raspeln und mit dem Saft 1/2 Zitrone und 1 TL Zucker anmachen. Mit 1/2 Glas Sekt spritzig machen.
1 Scheibe Vollkornbrot mit dünnem Margarineaufstrich und 1 Bund fein gehackten, frischen Dill bestreut.

2. Zwischenmahlzeit:
1 Schale Johannisbeeren

Ich wiege heute:

Abendessen:
Champignonomelette
Rezept für 1 Person
250 g Champignons waschen, putzen und in Scheiben schneiden. 1 kleine Zwiebel, 1 TL Thymian mit wenig Margarine in einer beschichteten Pfanne glasig schwitzen. Champignons hinzugeben, mit Jodsalz, Pfeffer aus der Mühle und dem Saft 1 Zitrone würzen und mitdünsten. Ist die Flüssigkeit in der Pfanne verdampft, werden ein verquirltes Ei und 2 EL frische Gartenkräuter über die Champignons gegeben. Das Ei stocken lassen. Kurz aufkochen lassen und servieren. Dazu: 1 große Schale gemischten Salat mit Essig/Öl Dressing.

Betthupferl:
1 Schale Johannisbeeren

Gesamt Kcal:	1.056
Gesamt Kj:	4.424

4. TAG

Frühstück:
Wahlweise Kaffee, Tee oder Kräutertee mit Süßstoff gesüßt
1 Scheibe Vollkornbrot mit dünnem Margarineaufstrich
1 dünne Scheibe rohen Schinken
1 Gewürzgurke
1 weichgekochtes Ei

1. Zwischenmahlzeit:
1 Schale Johannisbeeren

Mini-Mittag:
1 gebratene Hähnchenkeule
3 Tomaten geviertelt und leicht gesalzen
1 Scheibe Vollkornbrot mit dünnem Margarineaufstrich

2. Zwischenmahlzeit:
1 Schale Johannisbeeren

Ich wiege heute:

Abendessen:
Diätburger
Rezept für 1 Person
100 g Rindfleisch zusammen mit 1/2, in Milch geweichtem, Brötchen durch die feine Scheibe des Fleischwolfes drehen und mit 1 Ei, etwas Salz, etwas Pfeffer, etwas Paprika und 1 EL frisch gehackten Küchenkräutern gut vermischen. 1 Sesambrötchen halbieren und an den Innenseiten in der antihaft-versiegelten Pfanne rösten, bis die Innenseiten eine schöne, knusprige Farbe bekommen haben. Dann die Brötchenhälften auf die Heißhaltezone der Pfanne geben. Aus der Hackfleischmasse ein Hacksteak formen und in der antihaft-versiegelten Pfanne durchbraten und gut Farbe nehmen lassen. Zum Schluß die untere Brötchenhälfte mit einem Salatblatt auslegen, das Hacksteak daraufgeben, mit Tomaten und Scheibenzwiebeln bedecken, mit etwas Senf und Tomatenketchup garnieren und obenauf die zweite Brötchenhälfte setzen.

Betthupferl:
1 Schale Johannisbeeren

Gesamt Kcal:	1.047
Gesamt Kj:	4.386

5. TAG

Frühstück:
Wahlweise Kaffee, Tee oder Kräutertee mit Süßstoff gesüßt
1 Scheibe Vollkornbrot mit dünnem Margarineaufstrich
2 dünne Scheiben Diät-Fleischwurst
1 Becher kalorienreduzierten Fruchtjoghurt

1. Zwischenmahlzeit:
1 Schale Johannisbeeren

Mini-Mittag:
2 dünne Scheiben Kasseler
1 Gewürzgurke
1 Bund Radieschen
1 Vollkornbrötchen mit dünnem Margarineaufstrich

2. Zwischenmahlzeit:
1 Schale Johannisbeeren

Ich wiege heute:

Abendessen:
Karottenpuffer
Rezept für 1 Person
2 mittlere Karotten schälen, grob raspeln. 1 mittlere Kartoffel fast gar kochen, schälen, grob raspeln und mit den Karotten mischen. 1 TL Vollkornmehl, 15 g feingehackte Walnußkerne mit der Karottenmasse gut vermischen. Ganz wenig salzen, mit einem Spritzer Orangenaroma, 1 Prise Zucker abschmecken. Aus der Masse 4 Puffer formen. In einer Pfanne 1 EL Bratfett heiß werden lassen, die Puffer darin bei mittlerer Hitze goldgelb backen und vor dem Servieren kurz auf einem Küchenkrepp abtropfen lassen.
Dazu 1 Schale Apfelmus.

Betthupferl:
1 Schale Johannisbeeren

Gesamt Kcal:	1.010
Gesamt Kj:	4.231

Küchentips

In Backrezepten wird häufig Alkohol verwendet, der dazu dient, daß der Kuchen auch aufgeht. Will man keinen Alkohol verwenden, reicht auch eine Prise Backpulver. Viele andere Gericht, wie Obstsalate oder Frikasee, kann man statt mit Alkohol mit Zitronensaft abschmecken. Sie sollten Backaroma bevorzugen.

Bereitet man einen Rumtopf zu, hat man häufig Schwierigkeiten, daß sich der Zucker nicht löst. Das liegt oft daran, daß die Früchte zu Anfang sehr säurearm sind, z.B. die Erdbeeren. Deshalb sollte man den Rumtopf in den ersten Wochen häufiger umrühren. Gibt man säurehaltige Früchte hinzu, löst sich der Zucker allmählich.

Gußeiserne Teekannen rosten leicht. Um dieses zu verhindern, kocht man mehrmals einen sehr starken Tee darin, den man natürlich nicht trinken sollte. Dadurch bildet sich eine starke Teepatina, die ein guter Schutz gegen Rost ist.

Viele vertragen die Haut der Paprikaschoten nicht. Man zieht die Haut am einfachsten so ab, daß man die Schoten zunächst 15–20 Minuten unter den Grill legt und sie ab und zu dreht. Dann wickelt man sie in nasses Küchenpapier und zieht das Papier wieder ab. Dabei löst sich die Haut weitgehend.

Das besondere Rezept

Johannisbeerauflauf

Rezept für 4 Personen

Das braucht man:

750 g Johannisbeeren
1 Vanilleschote
5 EL Fruchtzucker
1/8 l Wasser
2 EL Margarine
400 g Vollkornbrot
50 g Kokosraspeln
3 Eier
3 EL Fruchtzucker
1 TL Zimt

1 Auflaufform
etwas Margarine zum Ausfetten

So macht man's:

1. Johannisbeeren waschen, abzupfen, mit Vanillemark, Fruchtzucker und Wasser zu einem dicken Mus einkochen.
2. Margarine in einer Pfanne zergehen lassen.
3. Vollkornbrotscheiben in kleine Stücke schneiden, in der Margarine goldgelb rösten und auf Küchenkrepp legen.
4. Die gefettete Auflaufform mit 1/3 der Kokosraspeln ausstreuen, die Hälfte des Röstbrotes darüber verteilen und mit Johannisbeermus bestreichen.
5. Eier, Fruchtzucker und Zimt mit dem Handmixer schaumig rühren, über dem Mus verteilen und mit Kokosraspeln bestreuen. Diesen gesamten Vorgang des Schichtens noch einmal wiederholen.
6. In der Oberschiene des Bratrohres bei 200 Grad circa 20–30 Minuten goldgelb überbacken.

Das Mehrwertrezept

Grünkerngurke

Rezept für 4 Personen

Das braucht man:

150 g Grünkernschrot
2 kleine Zwiebeln
1 Karotte
½ Knolle Sellerie
Jodsalz
Pfeffer aus der Mühle
1 Prise braunen Zucker
4 EL Sonnenblumenkerne
½ Becher Quark (= 125 g)
1 Ei
evtl. Vollkornsemmelbrösel
2 Salatgurken
Jodsalz
Pfeffer aus der Mühle
Olivenöl
50 g geriebenen Parmesan
½ l Gemüse- oder Hefebrühe

So macht man's:

1. Grünkernschrot auf ein Sieb geben und gut waschen. Dann in der Gemüse- und Hefebrühe circa 30–40 Minuten quellen lassen. Danach auf ein Sieb schütten und abtropfen.
2. Zwiebel schälen, halbieren, fein würfeln und in wenig Margarine glasig dünsten.
3. Karotten und Sellerieknolle schälen, in kleine Würfel schneiden und zu den Zwiebeln in den Topf geben. Anschließend alles leicht salzen, pfeffern und mit wenig Zucker bestreuen.
4. Sonnenblumenkerne in einer Pfanne goldgelb rösten und hacken und zum Gemüse in den Topf geben.
5. Den Topf vom Herd nehmen, Grünkern, Quark, Ei unterrühren und mit 1–2 EL Vollkornsemmelbröseln eine gute Konsistenz herstellen.
6. Die Salatgurken erst in der Mitte, dann der Länge nach halbieren. Mit einem Teelöffel das Kernhaus herausholen und in ganz wenig Wasser halbweich garen.
7. Eine Auflaufform ausfetten, Gurkenteile hineinsetzen, leicht mit Salz und Pfeffer würzen, mit je 2–3 Tropfen Olivenöl beträufeln und die Grünkern-Gemüsemasse einfüllen.
8. Mit dem Käse bestreuen, die Gurken mit etwas Brühe angießen und in der Oberschiene des Backofens bei 180 Grad circa 10 Minuten überbacken.

Außenseiter in der Küche

Drei-Rettichsalat

Rezept für 4 Personen

Das braucht man:

1 großen weißen Rettich
1 Bund Radieschen
2 EL frisch geriebenen Meerrettich
1 rote Zwiebel

Für das Dressing:
2 EL Obstessig
Jodsalz
1 TL scharfen Senf
1 EL Birnendicksaft
Pfeffer aus der Mühle
4 EL Distelöl
1 Bund Schnittlauch
2 EL frischen Majoran

So macht man's:

1. Den Rettich putzen, schälen und in hauchdünne Scheiben hobeln.
2. Die Radieschen waschen, putzen und ebenso in feine Scheiben hobeln.
3. Den Meerrettich 2 – 3 cm schälen, frisch über Rettich und Radieschen hobeln. Alles miteinander mischen.
4. Zwiebel schälen und fein reiben.
5. Essig, Salz, Senf, Birnendicksaft, Pfeffer aus der Mühle mit dem Zwiebelpüree mischen, Öl langsam unterschlagen, bis eine sämige Sauce entstanden ist.
6. Die Sauce über den Salat geben und den Salat relativ lange ziehen lassen.
7. Schnittlauch waschen, verlesen und in feine Röllchen schneiden und zusammen mit dem fein gehackten Majoran zum Salat geben.

Die 5-Tage-Blitzdiät: Kirschendiät

Bei den Kirschen unterscheiden wir zwischen den sogenannten Süßkirschen und den Sauerkirschen.

Süßkirschen sind wegen ihres geringen Säuregehaltes ein ausgesprochenes Tafelobst, also am besten zum Rohessen geeignet. Auch wer ein paar überflüssige Pfunde verlieren will, kann sich auf die Süßkirschen verlassen, denn 100 g Kirschen enthalten circa 63 Kalorien.

- Süßkirschen sind – wie jedes Obst – natürlich gesund: Sie enthalten Karotin, die Vorstufe des Vitamin A, außerdem Vitamin C und einige der wichtigen B-Vitamine.
- Daneben bietet die Süßkirsche auch nennenswerte Mengen an Mineralstoffen, vor allem Kalium ist reichlich enthalten, aber auch Calcium, Phosphor und Magnesium. An heißen Sommertagen ist der Kaliumbedarf erhöht, da dieser Mineralstoff verstärkt mit dem Schweiß ausgeschieden wird, was wiederum die Kirsche zu einer wertvollen Sommerfrucht macht.

Sauerkirschen haben im Gegensatz zu Süßkirschen einen höheren Gehalt an Fruchtsäure. Dadurch sind sie zum Rohessen nicht so gut geeignet wie die Süßen. Gedünstet werden sie gerade zu einer Idealzutat für Desserts, Torten aber auch für pikante Fleisch- oder Wildgerichte, während die Süßkirschen durchs Kochen nur fade schmecken.

Außerdem regt die Säure der Sauerkirschen die Darm- und Nierentätigkeit an, wirkt appetitanregend und entwässernd, was sich wiederum positiv auf die Entsorgung des Körpers auswirkt.

- Achten Sie beim Einkauf darauf, daß die Früchte kräftig gefärbt sind, fest und glatt aussehen und Stiele haben. Außerdem müssen sie sauber und trocken sein. Bei nassen Früchten hat die unterste Schicht in den Körben meistens leichte Faulstellen.
- Kirschen dürfen in den Handelsklassen I und III angeboten werden. In der Klasse III dürfen bis zu 10 % aufgesprungene Früchte sein. Man sollte sich nicht scheuen, zur Schonung der Haushaltskasse ruhig zur unteren Handelsklasse zu greifen, wenn man Marmelade oder Konfitüre herstellt.
- Aufgeplatzte Kirschen müssen konsequent rasch gegessen werden, weil sie sehr schnell faulen.
- Süßkirschen sollten erst gewaschen und dann entstielt und entsteint werden, sonst verlieren sie viel von ihrem kostbaren Saft und somit auch an Nährwerten.

1. TAG

Frühstück:
Wahlweise Kaffee, Tee oder Kräutertee mit Süßstoff gesüßt
1 Scheibe Vollkornbrot mit dünnem Margarineaufstrich
2 dünne Scheiben Jagdwurst aus Geflügelfleisch
1 großen Apfel

1. Zwischenmahlzeit:
1 Schale frische Kirschen

Mini-Mittag:
1 Tasse Geflügelbrühe mit frischer Petersilie
100 g Harzer Käse mit Zwiebeln-, Essig- und Öl-Marinade
1 Scheibe Vollkornknäckebrot mit dünnem Margarineaufstrich

2. Zwischenmahlzeit:
1 Schale frische Kirschen

Ich wiege heute:

Abendessen:
Kirschpfannkuchen
Rezept für 1 Person
Aus 4 EL Vollkornmehl, 1 Ei, 1 Prise Jodsalz, 1 EL Birnendicksaft, 3–4 EL Milch einen glatten Pfannkuchenteig rühren. In einer Pfanne wenig Margarine zergehen lassen und den Pfannkuchen von einer Seite anbacken. Bevor gewendet wird, 1 Schale entsteinte Kirschen auf dem Pfannkuchen verteilen, dann wenden. Langsam goldgelb backen. Zum Schluß mit ein paar Tropfen Birnendicksaft beträufeln.

Betthupferl:
1 Schale frische Kirschen

Gesamt Kcal:	1.080
Gesamt Kj:	4.525

2. TAG

Frühstück:
Wahlweise Kaffee, Tee oder Kräutertee mit Süßstoff gesüßt
1 Scheibe Vollkornbrot mit dünnem Margarineaufstrich
1 Ecke Schmelzkäse
1/2 Salatgurke gewaschen, geschält, in feine Scheiben geschnitten und leicht gesalzen

1. Zwischenmahlzeit:
1 Schale frische Kirschen

Mini-Mittag:
1 kleine Sellerieknolle schälen, fein raspeln, mit dem Saft 1/2 Zitrone und 1 TL Zucker anmachen. Mit 1/2 Glas Sekt spritzig machen.
1 Schale Dessert Quark

2. Zwischenmahlzeit:
1 Schale frische Kirschen

Ich wiege heute:

Abendessen:
Schinkennudeln
Rezept für 1 Person
50 g mageren, gekochten Schinken in kleine Würfel schneiden und in einer antihaft-versiegelten Pfanne erhitzen. 100 g vorgekochte, gut abgetropfte Eiernudeln dazugeben, heiß werden lassen, leicht salzen, pfeffern, mit etwas Muskat und etwas körniger Speisewürze abschmecken. 1 Ei mit etwas Mineralwasser verschlagen und über die Nudeln verteilen, gut durchrühren und stocken lassen.
Zum Schluß mit etwas Paprikapulver und frischem, fein geschnittenen Schnittlauch bestreuen.
Dazu: 1 Schale Tomatensalat mit fein gehackten Zwiebeln und Essig-Rotwein-Dressing

Betthupferl:
1 Schale frische Kirschen

Gesamt Kcal:	1.060
Gesamt Kj:	4.441

3. TAG

Frühstück:
Wahlweise Kaffee, Tee oder Kräutertee mit Süßstoff gesüßt
1 Scheibe Vollkornknäckebrot mit dünnem Margarineaufstrich
1 TL Blütenhonig
1 Magerjoghurt mit 2 EL Fruchtsaft glattrühren. 1 TL Rosinen, 2 EL Vollkornflocken/geschrotetes Weizenkorn hinzugeben. 1 Schale Kirschen waschen, entsteinen, etwas zerkleinern und unter die Müslimischung heben.

1. Zwischenmahlzeit:
1 Schale frische Kirschen

Mini-Mittag:
1 geräuchertes Forellenfilet
1 Portion Meerrettich
1 Scheibe Vollkorntoast

2. Zwischenmahlzeit:
1 Schale frische Kirschen

Ich wiege heute:

Abendessen:
Pfefferhähnchen
Rezept für 1 Person
1 Hähnchenbrust mit circa 150 g Gewicht nach Vorschrift auftauen, abwaschen, gut abtropfen, trockentupfen. Leicht salzen und mit reichlich schwarzem Pfeffer einreiben. Danach in der antihaft-versiegelten Pfanne anbraten und Farbe nehmen lassen. Nach circa 15 Minuten die Hähnchenbrust auf die Heißhaltezone der antihaft-versiegelten Pfanne legen. In der Garzone ½ Tasse Weißwein und ½ Tasse Ananassaft einige Minuten einkochen lassen. 1 Scheibe Ananas mit dem Mixer pürieren und in die Saucenflüssigkeit geben. Das Ganze mit 1 TL grünen Pfefferkörnern, ½ TL Estragon, ½ TL schwarzem Pfeffer und 1 TL scharfem Senf sowie etwas flüssiger Speisewürze abschmecken und noch einmal bis zur Saucendicke einkochen lassen. Zum Schluß das Fleisch von der Heißhaltezone der Pfanne wieder in die Sauce geben. Noch einmal aufkochen.
Dazu: 1 Portion körnig gekochten Reis

Betthupferl:
1 Schale frische Kirschen

Gesamt Kcal:	1.024
Gesamt Kj:	4.291

4. TAG

Frühstück:
Wahlweise Kaffee, Tee oder Kräutertee mit Süßstoff gesüßt
1 Scheibe Vollkornbrot mit dünnem Margarineaufstrich
1 hartgekochtes Ei in Scheiben
2 Tomaten

1. Zwischenmahlzeit:
1 Schale frische Kirschen

Mini-Mittag
2 dünne Scheiben kalten Kalbsbraten à 40 g
1 Glas Pusztasalat
1 Scheibe Vollkornknäckebrot mit dünnem Margarineaufstrich

2. Zwischenmahlzeit:
1 Schale frische Kirschen

Ich wiege heute:

Abendessen:
Kohlrabigeschnetzeltes
Rezept für 1 Person
1 Kalbsschnitzel mit 150 g in Streifen schneiden, wenig salzen und pfeffern. In der antihaft-versiegelten Pfanne anbraten und rundherum Farbe nehmen lassen. 2 mittelgroße Kohlrabiköpfe schälen, erst in Scheiben, dann in Streifen schneiden. Das Kalbfleisch aus der Garzone auf die Heißhaltezone geben und zugedeckt einige Minuten ziehen lassen. Dann mit 1 Tasse Weißwein und 1 Tasse heißer Fleischbrühe auffüllen und 20 Minuten köcheln lassen. Danach das Ganze mit 1 TL angerührter Speisestärke binden, mit flüssiger Speisewürze, Muskat und weißem Pfeffer abschmecken. 1 Kästchen frische Gartenkresse so fein wie möglich hacken und unter das Kohlrabigemüse ziehen. Zum Schluß das Fleisch von der Heißhaltezone unter das Kohlrabigemüse mischen, noch einmal aufkochen lassen.
Dazu: 1 Portion Instant-Kartoffelpüree

Betthupferl:
1 Schale frische Kirschen

Gesamt Kcal:	1.015
Gesamt Kj:	4.252

5. TAG

Frühstück:
Wahlweise Kaffee, Tee oder Kräutertee mit Süßstoff gesüßt
1 Scheibe Vollkornbrot mit dünnem Margarineaufstrich
1 Scheibe mageren, gekochten Schinken
1 Gewürzgurke
2 große rohe Karotten

1. Zwischenmahlzeit:
1 Schale frische Kirschen

Mini-Mittag:
2 dünne Scheiben Räucherlachs à 30 g
1 Portion frischen Meerrettich
1 Scheibe Vollkorntoast

2. Zwischenmahlzeit:
1 Schale frische Kirschen

Ich wiege heute:

Abendessen:
Spezialforelle mit Zitrone
Rezept für 1 Person
1 Forelle mit circa 250 g Gewicht innen und außen abwaschen, dann leicht salzen und pfeffern und mit Zitronensaft beträufeln. Innen mit frischer Petersilie und frischem Dill füllen. Anschließend die Forelle in einer antihaft-versiegelten Pfanne langsam braten und während des Bratvorganges mit etwas Zitronensaft und etwas Weißwein beträufeln. Nach Ende der Garzeit die Forelle mit frischer, fein gehackter Petersilie bestreuen.
Dazu: 1 große Schale gemischen Salat

Betthupferl:
1 Schale frische Kirschen

Gesamt Kcal:	981
Gesamt Kj:	4.110

Küchentips

Einmachgläser bekommt man oft nicht mehr auf, weil die Gummis porös geworden sind. Hält man die Gläser einen Augenblick mit dem Deckel nach unten in einen Topf mit heißem Wasser, lassen sich die Gläser bequem öffnen.

So bleiben belegte Brote auch an heißen Tagen frisch und appetitlich: Man wickelt sie erst in Salatblätter und dann in Aluminium- oder Klarsichtfolie. Durch die Feuchtigkeit der Salatblätter bleibt das Brot frisch.

Knäckebrot zerbricht oft beim Bestreichen. Legt man zwei Scheiben übereinander, bestreicht die obere und nimmt die untere anschließend wieder weg, zerbröckelt das Knäckebrot nicht.

Tomaten müssen kühl – zwischen 8 Grad C und 12 Grad C – und luftig lagern. Außerdem sind sie druckempfindlich. Deshalb müssen sie immer aus der Tüte genommen und nebeneinander gelegt werden. Tomaten, die man kocht, schmort oder als Zutat für ganz feine Salate verwendet, sollten Sie grundsätzlich enthäuten.

Schält man große Sellerieknollen, entsteht viel Abfall. Direkt unter den Schalen sitzen aber die wertvollen Vitamine und Mineralstoffe. Schneidet man Sellerie erst in Scheiben und bearbeitet ihn dann mit dem Schäler, ist der Verlust geringer.

Wenn Kohl gegart wird, muß die Wohnung nicht danach riechen. Die Ursache des Kohlgeruchs ist im zu starken, offenen Kochen zu sehen. Weißkohl sollte deshalb immer zugedeckt, wasserarm und bei milder Hitze gegart werden.

Das besondere Rezept

Sauerkirschtorte

Das braucht man:

80 g Fruchtzucker
2 EL heißes Wasser
Schale einer unbehandelten Zitrone
4 Eier
180 g Buchweizenmehl
500 g Sauerkirschen
2 EL Honig
½ TL pflanzliches Diät-Bindemittel
¼ l Schlagsahne

1 Springform für 12 Stücke
Backpapier

So macht man's:

1. Aus Zucker, Wasser, abgeriebener Zitronenschale und Eigelb mit dem Handrührgerät eine crèmige Schaummasse herstellen.
2. Eiweiß zu einem festen Schnee schlagen.
3. Das Buchweizenmehl sieben und vorsichtig unter die Eigelbmasse rühren.
4. Den steifgeschlagenen Eischnee unterheben.
5. Eine Springform mit Backpapier auslegen, die Masse gleichmäßig einfüllen, bei circa 175 Grad im vorgeheizten Backofen 25–30 Minuten backen und auskühlen lassen.
6. Den Tortenboden mit einem Messer am Rand lösen, den Ring öffnen, abnehmen, das Backpapier ablösen und den Boden einmal quer halbieren.
7. Die Kirschen mit dem Mixstab grob pürieren, mit Honig abschmecken und mit dem Bindemittel andicken.
8. Die Schlagsahne steif schlagen.
9. Beide Bodenteile auf einer Seite mit je ⅓ der geschlagenen Sahne bestreichen, den einen Boden mit der Hälfte des Kirschpürees bedecken, den anderen mit der Schlagsahnenseite auflegen.
10. Mit dem restlichen Kirschpüree und der restlichen Sahne ausgarnieren.

Das Mehrwertrezept

Pilzgulasch

Rezept für 4 Personen

Das braucht man:

200 g Sojafleisch in Würfeln
1 Prise Jodsalz
Pfeffer aus der Mühle
Kokosfett zum Braten
2 Zwiebeln
2 Tassen Senfgurke
1 Schale Austernseitlinge oder Egerlinge
2 Zehen Knoblauch
1 TL Jodsalz
4 EL Preiselbeerkompott
1/4 l Gemüsebrühe
1 EL Tomatenketchup
1 EL Paprikapulver
2 EL Margarine
1 kleine Zwiebel
1 Bund glatte Petersilie

So macht man's:

1. Sojafleisch in walnußgroße Würfel schneiden, leicht salzen, pfeffern, in Kokosfett scharf anbraten bis es Farbe hat.
2. Zwiebeln schälen, halbieren, in feine Scheiben schneiden und mit dem Fleisch glasig dünsten.
3. Senfgurke in mundgerechte Stücke schneiden, mitschwitzen.
4. Pilze putzen, die Egerlinge waschen und entweder in Streifen oder in Scheiben schneiden.
5. Knoblauchzehe schälen, in feine Scheiben schneiden und mit Jodsalz zerreiben.
6. Preiselbeeren, Gemüsebrühe, Knoblauch, Tomatenketchup und Paprikapulver zum Fleisch geben, im Dampftopf circa 12–15 Minuten garen.
7. Zum Schluß die Pilze in wenig Margarine mit einer feingeschnittenen Zwiebel anschwitzen, zum Fleisch hinzugeben, einmal aufkochen, nochmal abschmecken, eventuell mit einem pflanzlichen Bindemittel eindicken, mit feingehackter Petersilie bestreuen und servieren.

Außenseiter in der Küche

Hirseschnitten

Rezept für 4 Personen

Das braucht man:

2 Stangen Lauch
2 EL Margarine
375 g Hirse
3/4 l Gemüsebrühe
5 Eier
1 Becher Magerquark
etwas Margarine für das Backblech
2 Äpfel
2 Beutel Mozzarella
2 Fleischtomaten
1/2 Gläschen grünen Pfeffer

So macht man's:

1. Den Lauch putzen, waschen und in feine Ringe schneiden.
2. Die Margarine zergehen lassen und den Lauch darin anschwitzen.
3. Die Hirse dazugeben und mit der heißen Brühe auffüllen, bei kleiner Hitze circa 25 Minuten quellen und dann abkühlen lassen.
4. Die Eier und den Quark unter die Hirse rühren.
5. Den Hirsebrei auf einem gefetteten Backblech gleichmäßig ausstreichen.
6. Die Äpfel schälen, das Kerngehäuse ausstechen, die Äpfel in Ringe schneiden.
7. Den Mozzarella abtropfen lassen und in Streifen schneiden.
8. Die Tomaten waschen und in feine Scheiben schneiden.
9. Den grünen Pfeffer grob zerstoßen.
10. Die Äpfel, den Mozzarella, die Tomatenscheiben und den grünon Pfeffer gleichmäßig auf dem Hirsebrei verteilen.
11. Anschließend im vorgeheizten Ofen bei 180 Grad im Heißluftbetrieb circa 45 Minuten backen.

Die 5-Tage-Blitzdiät: Pflaumendiät

Pflaume oder Zwetschge? Kennen Sie den Unterschied zwischen Pflaumen und Zwetschgen? Die Pflaume ist rundlich geformt und hat runde Enden und der Kern sitzt fest im Fleisch.

Da sie schön weich sind, schmecken Pflaumen besonders gut.

Die Zwetschge ist länglich mit spitzen Enden und ohne Fruchtnaht. Der Stein läßt sich gut lösen. Durch das feste Fleisch ist die Zwetschge zum Einmachen und Dörren, aber auch für den Frischverzehr.

Unreife Zwetschgen oder Pflaumen sind hart und sauer und sie reifen im Gegensatz zu sehr vielen anderen Früchten zuhause nicht mehr nach, sondern werden höchstens schrumpelig und welk. Deshalb beim Einkauf darauf achten:

- Die Haut muß leuchtend blau sein, von einem matten Schimmer überzogen, und prall und fest wirken. Das Fruchtfleisch muß auf Fingerdruck sanft nachgeben, dann sind die Zwetschgen reif und herrlich süß.
  Dies gilt bei veränderten, farblichen Voraussetzungen auch für die Pflaumen.
- Pflaumen und Zwetschgen sind trotz ihrer Süße kalorienarm:
  100 g Fruchtfleisch ohne Kern enthalten nur 52 Kalorien.
- Sie enthalten nicht übermäßig viele Vitamine, sondern nur Spuren der Vitamine A und C. Dafür aber eine Menge wichtiger Mineralstoffe, vor allem Calcium und Phosphor.
- Außerdem regen Pflaumen, vor allem im getrockneten Zustand die Darmtätigkeit stark an. Sie sind also allen, die auf die Figur achten, besonders zu empfehlen. Der hohe Pektingehalt bedingt die starke Quellfähigkeit und regt den Darm an. So wirken Pflaumen und Zwetschgen verdauungsfördernd und entschlackend.

1. TAG

Frühstück:
Wahlweise Kaffee, Tee oder Kräutertee mit Süßstoff gesüßt
2 Scheiben Vollkornbrot mit dünnem Margarineaufstrich
2 Scheiben Diätleberwurst
½ Salatgurke gewaschen, geschält, in feine Scheiben geschnitten und leicht gesalzen

1. Zwischenmahlzeit:
1 Schale frische Pflaumen

Mini-Mittag:
1 Tasse chinesische Suppe (Fertigprodukt)
1 Schale Obstsalat mit Süßstoff gesüßt
2 Vollkornkekse

2. Zwischenmahlzeit:
1 Schale frische Pflaumen

Ich wiege heute:

Abendessen:
Kalbssteak mit Zwiebeln
Rezept für 1 Person
2 Zwiebeln schälen, in dünne Scheiben schneiden und in der antihaft-versiegelten Pfanne anschwitzen. Unter mehrfachem Umrühren etwas goldgelbe Farbe nehmen lassen. Danach die Zwiebeln mit ½ TL Paprika, ½ TL Curry bestreuen. Gut miteinander vermischen und auf die Heißhaltezone der Pfanne schieben. 1 Kalbssteak mit maximal 120 g Gewicht in der antihaft-beschichteten Pfanne anbraten, Farbe nehmen lassen und durchbraten. Die Zwiebeln von der Heißhaltezone wieder in die Garzone zum Fleisch geben und das ganze einige Minuten einkochen lassen. Zum Schluß mit etwas flüssiger Speisewürze, ein paar Tropfen Essig und etwas schwarzem Pfeffer abschmecken.
Dazu: 1 Portion Instant-Kartoffelpüree

Betthupferl:
1 Schale frische Pflaumen

Gesamt Kcal:	1.075
Gesamt Kj:	4.504

2. TAG

Frühstück:
Wahlweise Kaffee, Tee oder Kräutertee mit Süßstoff gesüßt
1 Scheibe Vollkornbrot mit dünnem Margarineaufstrich
3 dünne Scheiben fettarmen Camembert
2 Tomaten geviertelt und leicht gesalzen

1. Zwischenmahlzeit:
1 Schale frische Pflaumen

Mini-Mittag:
1 Scheibe Fleischkäse mit maximal 120 g. Dazu: 1 TL Senf,
1 Rettich in Scheiben geschnitten und leicht gesalzen.
1 Scheibe Vollkornbrot mit dünnem Margarineaufstrich, mit
1 Bund frischem, fein geschnittenem Schnittlauch bestreut.

2. Zwischenmahlzeit:
1 Schale frische Pflaumen

Ich wiege heute:

Abendessen:
Meerrettichfilet
Rezept für 1 Person
150 g Rotbarschfilet salzen, pfeffern, mit Zitronensaft und etwas flüssiger Speisewürze beträufeln. Anschließend in einer antihaft-versiegelten Pfanne anbraten. Danach den Fisch herausnehmen, in eine mit etwas Margarine ausgefettete, feuerfeste Form geben und warmstellen. In der antihaft-versiegelten Pfanne 1 fein gehackte Zwiebel, 1 Tasse sehr fein gehackte Champignons, 1 EL Senf, 1 EL scharfen Meerrettich und 2 EL beliebige Küchenkräuter miteinander verrühren und dann damit das warmgestellte Fischfilet bestreichen. Zum Schluß in der feuerfesten Form bei 200 Grad (Gasherd Stufe 3) runde 20 Minuten garen. Dazu: 1 große Schale grünen Salat mit Zitronendressing.

Betthupferl:
1 Schale frische Pflaumen

Gesamt Kcal:	1.053
Gesamt Kj:	4.412

3. TAG

Frühstück:
Wahlweise Kaffee, Tee oder Kräutertee mit etwas Zucker oder Süßstoff gesüßt.
Champignonrührei
4 frische Champignons waschen, putzen und in feine Scheiben schneiden. Anschließend in einer antihaft-versiegelten Pfanne anschwitzen. In der Zwischenzeit 1 Ei mit ganz wenig Salz, etwas Pfeffer und 1 Bund frisch geschnittenem Schnittlauch gut verschlagen, über die Champignons in die Pfanne geben und stocken lassen.
Dazu: 1 Scheibe Vollkornbrot mit dünnem Margarineaufstrich.

1. Zwischenmahlzeit:
1 Schale frische Pflaumen

Mini-Mittag:
1 Portion Rahmspinat (200 g Tiefkühlprodukt)
1 Spiegelei
1 Portion Salzkartoffeln

2. Zwischenmahlzeit:
½ Schale frische Pflaumen

Ich wiege heute:

Abendessen:
Feuerroulade
Rezept für 1 Person
1 Rinderroulade mit 120 g Gewicht leicht salzen, etwas pfeffern und die Innenseite mit Senf bestreichen. 1 EL rohes Sauerkraut, ½ gehackte Zwiebel und ½ Gewürzgurke auf die Roulade häufen, mit etwas Paprikapulver bestreuen. Anschließend das Fleisch zusammenrollen und an den Enden abbinden oder feststecken. In einer antihaft-versiegelten Pfanne anbraten, rundherum Farbe nehmen lassen, dann mit ½ Tasse fertiger Bratensauce und ½ Tasse Sangrita-Pikante oder Tomatensaft auffüllen und circa 30 Minuten verschlossen garen. Dazu: 1 Portion körnig gekochten Reis mit Curry vermischt.

Betthupferl:
½ Schale frische Pflaumen

Gesamt Kcal: 1.083
Gesamt Kj: 4.534

4. TAG

Frühstück:
Wahlweise Kaffee, Tee oder Kräutertee mit Süßstoff gesüßt
1 Scheibe Vollkornbrot mit dünnem Margarineaufstrich
2 dünne Scheiben Geflügelaufschnitt
1 kleiner Apfel

1. Zwischenmahlzeit:
1 Schale frische Pflaumen

Mini-Mittag:
2 große Karotten so fein wie möglich raspeln, mit dem Saft ½ Zitrone, einigen Tropfen Salatöl und ½ TL Zucker anmachen. Mit ½ Glas Sekt spritzig machen.
1 Vollkornknäckebrot mit dünnem Margarineaufstrich
1 Becher Götterspeise mit Waldmeistergeschmack (Fertigprodukt)

2. Zwischenmahlzeit:
1 Schale frische Pflaumen

Ich wiege heute:

Abendessen:
Pikanter Rostbraten
Rezept für 1 Person
2 mittelgroße Zwiebeln schälen, in Scheiben schneiden und in der antihaft-versiegelten Pfanne anbraten und eine goldgelbe Farbe nehmen lassen. Danach die Zwiebeln auf die Heißhaltezone der Pfanne geben. 1 Scheibe Rinderlende mit 120 g Gewicht mit Pfeffer einreiben und in der antihaft-versiegelten Pfanne braten. Von beiden Seiten Farbe nehmen lassen. Die Zwiebeln auf der Heißhaltezone mit etwas Paprika, Pfeffer bestreuen, mit 1 EL Tomatenketchup und 1 TL Senf binden und wieder zum Fleisch in die Garzone geben. Das Ganze mit ½ Tasse fertiger Bratensauce angießen und einige Minuten einkochen lassen. Zum Schluß mit etwas flüssiger Speisewürze und ein paar Tropfen Kirschlikör verfeinern. Mit gehackter Petersilie bestreuen. Dazu: 1 Portion Salzkartoffeln

Betthupferl:
1 Schale frische Pflaumen

Gesamt Kcal: 1.072
Gesamt Kj: 4.491

5. TAG

Frühstück:
Wahlweise Kaffee, Tee oder Kräutertee mit Süßstoff gesüßt
1 Scheibe Vollkornknäckebrot mit dünnem Margarineaufstrich
1 TL Fruchtaufstrich nach Ihrer Wahl
1 Magerjoghurt mit 2 EL Fruchtsaft glattrühren. 1 TL Rosinen, 2 EL Vollkornflocken/geschrotetes Weizenkorn, 3 Pflaumen entsteinen, kleinschneiden und unter die Müslimischung heben.

1. Zwischenmahlzeit:
1 Schale frische Pflaumen

Mini-Mittag:
1 große Schale gemischten Salat mit beliebigem Fertigdressing
1 Scheibe Vollkornknäckebrot
1 hart gekochtes Ei

2. Zwischenmahlzeit:
1 Schale frische Pflaumen

Ich wiege heute:

Abendessen:
Kalbsnieren süß-sauer
Rezept für 1 Person
100 g Kalbsniere vom Fett befreien, gut waschen und in Scheiben schneiden. ½ Stange Lauch gut waschen und danach in Streifen schneiden. Die Nierenscheiben in einer antihaft-versiegelten Pfanne anbraten, etwas Farbe nehmen lassen, den Lauch dazugeben und etwa 5 Minuten mitdünsten. Danach 1 mit etwas Salz fein zerriebene Knoblauchzehe, 1 Bund fein geschnittenen Schnittlauch, ½ Tasse frische Champignons in Scheiben schneiden und etwas Pfeffer dazugeben, kurz mitschwitzen und anschließend mit 1 Tasse fertiger Fleischbrühe und 2 EL Essig auffüllen, einige Minuten einkochen lassen. Zum Schluß das Ganze mit 1 TL angerührtem Stärkemehl binden und, soweit erforderlich, mit etwas flüssigem Süßstoff und flüssiger Speisewürze verfeinern. Dazu: 1 Portion Salzkartoffeln

Betthupferl:
1 Schale frische Pflaumen

Gesamt Kcal:	1.002
Gesamt Kj:	4.198

Küchentips

Lassen Sie das Bratenstück nach Ende der Garzeit noch mindestens 10 Minuten im ausgeschalteten Bratrohr. Dann tritt beim anschließenden Tranchieren weniger Fleischsaft aus. Beim Tranchieren darauf achten, daß Sie gegen die Fleischfaser schneiden.

Schütten Sie den nicht verwerteten Bratenfond nicht weg, sondern kochen Sie ihn mit Wein, Fleischbrühe, Gemüsesud oder Wasser los, passieren ihn und lassen Sie ihn erkalten. Dann im Kühlschrank aufbewahren und vor der weiteren Verwendung das festgewordene Fett ganz einfach abnehmen. Man kann den Bratensaft aber auch abschmecken, entfetten und in Formen einfrieren.

Jede Fleischbrühe bekommt eine besonders kräftige Farbe, wenn man die Zwiebelhälften mit der Schnittfläche auf die heiße Herdplatte legt und schwarz werden läßt. Danach spickt man sie mit Nelken und Lorbeerblättern und gibt sie zur Brühe.

Bei Herstellung einer Wirsingroulade muß man die Wölbung der Blätter „glätten", indem man mit dem Messer etwa 3 cm den Strunk aus dem Blatt schneidet. Dann läßt sich das Blatt nach dem Füllen besser einrollen.
Sollten Wirsingblätter übrigbleiben, können Sie sie zur Suppen-, Eintopf- oder Gemüsezubereitung verwenden.

Das besondere Rezept

Badischer Nudelauflauf

Rezept für 4 Personen

Das braucht man:

150 g Vollkornnudeln
1 Prise Jodsalz
500 g Zwetschgen
50 g Walnußkerne
50 g Haselnußkerne
50 g Rosinen
2 Tassen Milch
3 EL Honig
1 Zimtstange
1 Vanilleschote
250 g Quark
Schale 1 unbehandelten Zitrone
2 Eier

1 Auflaufform
etwas Margarine zum Ausfetten

So macht man's:

1. Vollkornnudeln in leicht gesalzenem Wasser al dente kochen, abschütten, abschrecken und auf einem Sieb abtropfen lassen.
2. Zwetschgen waschen, entsteinen und in kleine Stücke schneiden.
3. Die Nüsse so fein wie möglich hacken und mit den Zwetschgen vermischen.
4. Die Rosinen in lauwarmem Wasser weichen lassen und nach dem Abtropfen ebenfalls mit den Zwetschgen vermischen.
5. Milch mit Honig und Zimtstange erst aufkochen und dann abkühlen lassen.
6. Vanillemark, Quark und abgeriebene Zitronenschale unter die Milch rühren.
7. Zimtstange aus der Milch nehmen und die verquirlten Eier gut in die Milchmischung rühren, mit den Rosinen zusammen unterrühren.
8. Nudeln in eine gefettete Auflaufform geben, mit der Quarkmilch und den Früchten vermischen und im Backofen bei 180 Grad circa 25–35 Minuten goldgelb überbacken.
   Dazu paßt als kleine Beilage Pflaumenkompott.

Das Mehrwertrezept

Fenchel sauer

Rezept für 4 Personen

Das braucht man:

750 g Gemüsefenchel
2 Knoblauchzehen
1 Bund Majoran
1/4 l Wasser
1/8 l Weißwein
3 EL Obstessig
1 Prise Jodsalz
Pfeffer aus der Mühle
1 EL braunen Zucker
1/2 TL Korianderkörner
1/4 TL Fenchelsamen
1 Bund Majoran
3 EL Olivenöl

So macht man's:

1. Fenchel putzen, in Spalten schneiden, so daß jedes Stück vom Strunk zusammengehalten wird, waschen, das Fenchelgrün aufbewahren und abtropfen lassen.
2. Knoblauchzehen schälen und in feine Streifen schneiden.
3. Majoranblätter waschen, verlesen und grob hacken.
4. Wasser, Weißwein, Obstessig, Jodsalz, Pfeffer, Zucker, Korianderkörner und Fenchelsamen kurz aufkochen.
5. Fenchel und Knoblauch in den kochenden Sud geben und bei geringer Hitze circa 12 Minuten köcheln lassen.
6. Fenchel herausnehmen, in einem Glas- oder Keramikbehältnis anrichten.
7. Den Sud noch circa 10 Minuten weiterköcheln lassen, die Majoranblätter einstreuen und dann über den Fenchel gießen.
8. Olivenöl dazugeben, circa 3–4 Stunden an einem kühlen Platz oder im Kühlschrank aufbewahren. Aber 1 Stunde vor dem Servieren wieder aus dem Kühlschrank nehmen.

Außenseiter in der Küche

Spinatsalat

Rezept für 4 Personen

Das braucht man:

200 g Blattspinat (kleine Blätter)
1 kleine, rote Zwiebel
1 Bund Radieschen
1 säuerlichen Apfel
Saft ½ Zitrone
4 Tomaten

Für das Dressing:

½ Bund Dill
2 Becher Magerjoghurt
1 Knoblauchzehe
1 TL Salz
Pfeffer aus der Mühle
1 EL frischen Meerrettich
1 EL Tomatenketchup

So macht man's:

1. Blattspinat waschen, verlesen und gut abtropfen lassen.
2. Zwiebel schälen und in kleine Würfel schneiden.
3. Radieschen waschen, putzen, in Stifte schneiden.
4. Apfel waschen, vierteln, das Kerngehäuse ausschneiden, die Viertel feinblättrig schneiden und mit Zitronensaft beträufeln.
5. Tomaten putzen, einritzen, überbrühen, schälen, entkernen und in Streifen schneiden.
6. Dill waschen, verlesen und fein schneiden.
7. Aus den Zutaten ein feines Dressing rühren.
8. Spinat, Radieschen, Äpfel und Tomaten vorsichtig in einer großen Schüssel mischen, mit der Salatsauce anmachen, sofort servieren.

Die 5-Tage-Blitzdiät: Birnendiät

Daß Birnen nicht nur gut schmecken, sondern auch gesund und bekömmlich sind, ist uns heute bekannt.

Viele Verbraucher meinen, Birnen hätten zu viele Kalorien und machen deshalb dick. Das ist ein Irrtum.

Birnen schmecken zwar viel süßer als ein Apfel, zum Beispiel, aber nur deswegen, weil sie viel weniger Säure enthalten. Der Zuckergehalt, der ja für die Kalorien steht, ist bei einer Birne nicht höher als bei einem Apfel.

- 100 g Birne enthalten 45 Kalorien und im Vergleich dazu 100 g Apfel 46 Kalorien.
- Birnen enthalten außer Vitamin B2 zwar keine nennenswerten Mengen an Vitaminen, dafür ist ihr Gehalt an Mineralstoffen um so höher. Mineralstoffe sind für unsere Gesundheit ebenso wichtig wie Vitamine. Insbesondere die Mineralien Phosphor, Calcium und vor allem viel Kalium bestimmen die inneren Werte der Birne. Das Kalium ist für ein gesundes Nervensystem, für ein gesundes Herz besonders wichtig.
Zudem regt es den Stoffwechsel der Leber an.
- Kaufen Sie vollreife Birnen nur dann, wenn Sie sie auch sofort essen wollen. Reife Birnen lassen sich nicht gut transportieren, weil sie in der Regel sehr druckempfindlich sind und an den Druckstellen schnell faulen.
- Wollen Sie die Birnen ein paar Tage aufbewahren, dann nehmen Sie lieber harte Birnen. Gerade Birnen reifen nämlich schnell und gut bei Zimmertemperatur nach.

Birnen sind ein ideales Produkt zur Gewichtsreduktion, denn beim Verzehr stellt sich, früher als bei anderen Obstarten, ein Sättigungsgefühl ein.

1. TAG

Frühstück:
Wahlweise Kaffee, Tee oder Kräutertee mit Süßstoff gesüßt
1 Scheibe Vollkornbrot mit dünnem Margarineaufstrich
1 Scheibe fettarmen Schnittkäse
½ rohe Paprikaschote
1 Bund Radieschen

1. Zwischenmahlzeit:
1 Birne

Mini-Mittag:
1 Tasse Gemüsebrühe
1 kleiner Becher Diät-Milchreis (Fertigprodukt)

2. Zwischenmahlzeit:
1 Birne

Ich wiege heute:

Abendessen:
Sprossensteak
Rezept für 1 Person
1 Kalbssteak (100 g) leicht gesalzen, pfeffern und möglichst fettfrei auf beiden Seiten braten. Zum Bratsatz 1 TL Margarine geben, 100 g frische Sojasprossen darin dünsten, 1 kleine Dose gewürfelte Tomaten hinzugeben, mit etwas Bratensaft angießen, kurz aufkochen, mit Oregano, Thymian und etwas Muskatnuß abschmecken. Soweit erforderlich mit pflanzlichem Diät-Bindemittel eindicken.
Dazu: 1 Portion Instant-Kartoffelpüree

Betthupferl:
1 Birne

Gesamt Kcal:	1.072
Gesamt Kj:	4.491

2. TAG

Frühstück:
Wahlweise Kaffee, Tee oder Kräutertee mit Süßstoff gesüßt
1 Scheibe Vollkornbrot mit dünnem Margarineaufstrich
2 dünne Scheiben Bierschinken

1. Zwischenmahlzeit:
1 Birne

Mini-Mittag:
1 Portion Truthahnfleisch in Aspik (150 g)
1 Glas Rote Bete Salat
1 Scheibe Vollkornknäckebrot mit dünnem Margarineaufstrich und frischem Schnittlauch bestreut.

2. Zwischenmahlzeit:
1 Birne

Ich wiege heute:

Abendessen:
Überbackener Gemüsereis
Rezept für 1 Person
1 Zwiebel schälen, halbieren und würfeln. 1 Bund Suppengemüse waschen, putzen, in Würfel schneiden. In der antihaftversiegelten Pfanne zuerst die Zwiebeln und dann das Gemüse zugedeckt einige Minuten bis zur Bißfestigkeit dünsten. Das Ganze leicht salzen, mit weißem Pfeffer bestreuen. 1 Portion körnig gekochten Reis mit dem Gemüse mischen. 3 EL Sahne mit Muskatnuß abschmecken und zur Reismischung geben. Alles in eine kleine Auflaufform füllen, mit 2 EL Reibekäse bestreuen. Im vorgeheizten Backofen bei 220 Grad goldgelb überbacken.

Betthupferl:
1 Birne

Gesamt Kcal:	1.012
Gesamt Kj:	4.240

3. TAG

Frühstück:

Wahlweise Kaffee, Tee oder Kräutertee mit Süßstoff gesüßt
1 Scheibe Vollkornbrot mit dünnem Margarineaufstrich
1 TL kalorienreduzierte Konfitüre
1 Becher Magerquark mit 2 EL Birnensaft glattrühren. 1/2 Birne waschen, vierteln, das Kerngehäuse ausschneiden. Birne feinblättrig schneiden und unter den Quark heben.

1. Zwischenmahlzeit:

1 Birne

Mini-Mittag:

1 Tasse Tomatencrèmesuppe (Fertigprodukt)
1 Becher Diät-Pudding
2 Vollkornkekse

2. Zwischenmahlzeit:

1 Birne

Ich wiege heute:

Abendessen:
Tiroler G'röstel

Rezept für 1 Person
100 g kalten Kalbsbraten in Streifen schneiden und in einer antihaft-versiegelten Pfanne Farbe nehmen lassen. 1 fein gehackte Zwiebel dazugeben und kurz mitschwitzen. 1 mittelgroße, vorgekochte Kartoffel in Würfel schneiden, in die Pfanne geben und so lange mitschwitzen, bis die Kartoffelwürfel etwas Farbe bekommen haben. Das Ganze mit ganz wenig Salz, Pfeffer und 1/2 TL Majoran würzen. 1 Ei mit etwas Mineralwasser und 1 Bund fein geschnittenem Schnittlauch verschlagen, über die Zutaten in die Pfanne gießen und unter ständigem Rühren langsam stocken lassen.

Betthupferl:

1 Birne

Gesamt Kcal:	1.058
Gesamt Kj:	4.433

4. TAG

Frühstück:

Wahlweise Kaffee, Tee oder Kräutertee mit Süßstoff gesüßt
2 Scheiben Vollkornknäckebrot mit dünnem Margarineaufstrich
2 TL Nuß-Nougat Crème
1 kleine Birne

1. Zwischenmahlzeit:

1 Birne

Mini-Mittag:

1 Ecke Schmelzkäse mit maximal 10 % Fett
1 Bund frische Radieschen
1 Scheibe Vollkornbrot mit dünnem Margarineaufstrich und mit Tomatenscheiben belegt

2. Zwischenmahlzeit:

1 Birne

Ich wiege heute:

Abendessen:
Frischer Radieschensalat

Rezept für 1 Person
1/2 Salatgurke, 1 Bund Radieschen und 2 Tomaten entsprechend putzen, waschen und in Scheiben schneiden. 1 Kopfsalat putzen, waschen und zerkleinern. Mit den anderen Zutaten vorsichtig vermischen. Aus 1 Becher Joghurt, 2 EL Tomatenketchup, 2 EL Obstessig und 1 EL Meerrettich ein Dressing rühren. Mit 1/2 TL Paprika, 1/2 TL Curry, Salz, Pfeffer aus der Mühle und 2 Tropfen flüssigen Süßstoff gesüßt abschmecken, über den Salat geben. Mit 1 Bund gehackten Estragon bestreut servieren.
Dazu: 1 Scheibe Vollkornknäckebrot mit dünnem Margarineaufstrich.

Betthupferl:

1 Birne

Gesamt Kcal:	1.020
Gesamt Kj:	4.273

5. TAG

Frühstück:
Wahlweise Kaffee, Tee oder Kräutertee mit Süßstoff gesüßt
1 Becher körnigen Frischkäse mit 1 EL Sahne verrühren.
2 EL frische Gartenkräuter hacken, unterheben. Die Käsemischung auf 1 Scheibe Vollkornbrot verteilen.

1. Zwischenmahlzeit:
1 Birne

Mini-Mittag:
1 Portion Grünkohlgemüse (200 g Tiefkühlprodukt)
1 Paar Wiener Würstchen

2. Zwischenmahlzeit:
1 Birne

Ich wiege heute:

Abendessen:
Geflügelsalat Maximilian
Rezept für 1 Person
50 g gekochtes Geflügelfleisch und 1 geschälten, entkernten Apfel in kleine Würfel schneiden. Mit 1 Kästchen verlesener Kresse mischen. Aus 1/2 Becher Magerjoghurt, dem Saft einer Zitrone und Orange ein Dressing rühren, mit 1/4 TL Curry, 1 Messerspitze Ingwer, 1 Prise Zucker, Salz und Pfeffer aus der Mühle abschmecken.
1 Scheibe Knäckebrot mit dünnem Margarineaufstrich.

Betthupferl:
1 Birne

Gesamt Kcal:	1.083
Gesamt Kj:	4.621

Küchentips

Auch wenn in vielen Kochbüchern bei der Garung von Rosenkohl als Frischgemüse 25–30 Minuten steht, sollte man ihn maximal 12–15 Minuten garen, sonst würde man seine sattgrüne Farbe zerstören, das Vitamin C reduzieren. Außerdem wird er zu weich. Man würzt ihn mit ganz wenig Salz, etwas Muskat und, wenn man will, mit etwas Zucker.

Da Chinakohl meist küchenfertig geliefert wird und meist strunkfrei ist, gibt es kaum Abfall. Für die Salat- oder Gemüsezubereitung nimmt man jeweils einzelne Blätter ab, die für eine Mahlzeit benötigt werden. Den Rest kann man – in Klarsichtfolie eingewickelt – hervorragend im Kühlschrank bis zu zehn Tagen aufbewahren. Chinakohl hält sich eindeutig besser als andere Blattsalate.

Champignons werden nicht geschält, sondern nur leicht geputzt. In Wasser, mit Zitronensaft oder Essig eingetaucht, behalten die weißen Köpfe ihre reinweiße Farbe. Frische Champignons bleiben saftig, wenn sie nach dem Garen gesalzen werden. Zu starke Gewürze überdecken das charakteristische Aroma der Champignons.

Champignons dürfen im Gegensatz zu allen anderen Pilzen zwei bis drei Tage an einem kühlen und luftigen Ort aufbewahrt werden. Man kann sie auch einfrieren, aber auf keinen Fall roh. Vor dem Einfrieren rund fünf Minuten in Salzwasser mit Zitronensaft blanchieren.

Das besondere Rezept

Erbsentopf

Rezept für 4 Personen

Das braucht man:

300 g Erbsen
1 Zwiebel
1 EL Margarine
1/4 Knolle Sellerie
1 große Karotte
1 Stange Lauch
1/2 l Gemüsebrühe
1–2 EL Obstessig
1 Prise Jodsalz
Pfeffer aus der Mühle
1–2 TL braunen Zucker
2 Birnen

So macht man's:

1. Erbsen unter fließendem Wasser abspülen.
2. Zwiebeln schälen, fein würfeln und in Margarine glasig schwitzen.
3. Sellerie und Karotte schälen, würfeln, zu den Zwiebeln geben und andünsten.
4. Lauch putzen, längs halbieren, waschen, in Ringe schneiden und zum Gemüse geben.
5. Erbsen zugeben, kurz andünsten, mit Gemüsebrühe aufgießen und circa 20 Minuten bißfest garen.
6. Birnen waschen, vierteln, das Kerngehäuse entfernen und in mundgerechte Stücke schneiden.
7. Birnen zum Gemüse geben, circa 4–6 Minuten mitköcheln lassen, mit Obstessig, Salz, Pfeffer und Zucker abschmecken.

Das Mehrwertrezept

Gerstenknödel

Rezept für 4 Personen

Das braucht man:

450 g mehlig kochende Kartoffeln
200 g Sprießkorngerste
3 Eigelb
1 Zwiebel
3 EL Margarine
1 Bund Schnittlauch
1 Bund Petersilie
Muskatnuß
1 TL Jodsalz
1 Zwiebel
500 g frischen Brokkoli oder 350 g (TK)
1/8 l Gemüsebrühe
1/8 l Schlagsahne
1 Bund junge Karotten mit Grün
3 Navet (kleine weiße Rüben) oder 2 junge Kohlrabi
1 TL Zucker

So macht man's:

1. Kartoffeln in der Schale garen, pellen, zerkleinern.
2. Gerste grob mahlen, Eigelb und die in Margarine angeschwitzten Zwiebelwürfel zu den Kartoffeln geben, mit den Kräutern und Gewürzen zu einer Masse verarbeiten.
3. Pro Portion drei Knödel davon formen.
4. Den Brokkoli, die weißen Rüben und die Karotten waschen, putzen, Brokkoli in Röschen, Strünke in Stücke, weiße Rüben und Karotten in Stifte schneiden.
5. Zwiebeln würfeln, in Margarine anschwitzen, Brokkolistücke hinzufügen, mit Sahne und Gemüsebrühe auffüllen, mit Muskatnuß abschmecken, garen und pürieren.
6. Brokkoliröschen, weiße Rüben und die Karotten dünsten.
7. In kochendem Salzwasser die Knödel hinzugeben und circa 12 Minuten ziehen lassen.
8. Die Knödel anrichten, mit Brokkolirahm übergießen, mit Gemüse umlegen.

Außenseiter in der Küche

Sauerkrautstrudel

Rezept für 4 Personen

Das braucht man:

Für den Teig:
250 g Weizenvollkornmehl
8 EL Oliven- oder Sonnenblumenöl
½ TL Jodsalz
8–10 EL Wasser

Für die Füllung:
40 g Margarine
1 Zwiebel in feine Scheiben geschnitten
2 Knoblauchzehen
½ TL Jodsalz
500 g frisches Sauerkraut
½ l Gemüsebrühe
6 Wacholderbeeren
1 TL Kümmel, 1 Prise Jodsalz
1 mittelgroße, geschälte, rohe Kartoffel

Für die Sauce:
1 kleine Zwiebel in feinen Würfeln
1 EL Margarine
1 rote, grüne und gelbe Paprikaschote
1 Tasse Gemüsebrühe
½ TL Thymian
½ Tasse Sahne, 1 Eigelb

So macht man's:

1. Aus Mehl, Öl, Salz und dem Wasser einen geschmeidigen Strudelteig herstellen, ca. 1 Stunde kühl stellen.
2. Den Knoblauch schälen, grob schneiden, mit etwas Jodsalz zerreiben, zusammen mit den Zwiebeln würfeln, in etwas Margarine anschwitzen.
3. Das Sauerkraut hinzugeben, mit der Gemüsebrühe auffüllen, mit Wacholderbeeren und Kümmel würzen, garen.
4. Die geschälte, rohe Kartoffel fein reiben und das Sauerkraut damit binden.
5. Die Paprikaschoten waschen, entkernen, würfeln. Die roten und grünen in wenig Gemüsebrühe garen.
6. Die gelben Paprikawürfel mit den Zwiebelwürfeln in etwas Margarine anschwitzen, mit Gemüsebrühe auffüllen, mit Thymian würzen, garen.
7. Mit dem Stabmixer pürieren, mit Sahne verfeinern und warmstellen.
8. Den Strudelteig gleichmäßig dünn ausziehen, auf einer Längsseite das Sauerkraut verteilen und einrollen. Auf ein gefettetes Backblech legen, den Strudel mit Eigelb bepinseln und im vorgeheizten Backofen bei circa 180 Grad 20 Minuten backen.
9. Die Paprikasauce auf einen Teller geben, die roten und grünen Paprikawürfel einstreuen und den Strudel darauf anrichten.

Die 5-Tage-Blitzdiät: Karamboladiät

Die Karambola wird erst seit 1945 in die Bundesrepublik importiert und zählt sicherlich zu den dekorativsten Früchten, die wir kennen.

Trotzdem gilt sie als Außenseiter in der Küche, was auf den geringen Bekanntheitsgrad zurückzuführen ist.

Die gelben Früchte sind fünfeckig, so daß man sie quer aufschneidet, um einen attraktiven Stern als Fruchtscheibe zu bekommen. Sie wird deswegen auch Sternfrucht genannt.

Die Größe der Karambola variiert von einem Hühnerei bis zu einer großen Orange. Ihr Geschmack kann je nach Art sauer wie ein Apfel oder süß wie eine Birne sein. Das Fruchtfleisch ist knackig saftig und hat einen angenehmen Duft.

Die Karambola wird hauptsächlich als Dekorationselement verwendet.

Besonders beliebt ist sie als Garnitur von tropischen Cocktails und Erfrischungsgetränken. Aber auch in Obstschalen ist sie eine optische Bereicherung.

Kenner schätzen die Karambola als Basis für Marmeladen, Konfitüren und Gelees, aber auch als Frischfrucht wird sie immer häufiger verwendet.

Sie hat jedoch nicht nur als dekorative Frucht ihre Daseinsberechtigung in unseren Küchen, sondern auch die gesundheitlichen Werte sind ein Grund für den vermehrten Verzehr:

- Ihr hoher Anteil an Fruchtsäure wirkt sich sehr positiv auf Stoffwechsel und Verdauung aus.
- Die Karambola enthält außerdem sehr viel Vitamin C, nämlich circa 35 mg pro 100 g Fruchtgewicht.
- Sie ist reich an lebenswichtigen Mineralstoffen.
- Auch zum Abnehmen ist sie ein guter Partner, denn pro 100 g Fruchtfleisch hat sie nur 35 Kalorien.

1. TAG

Frühstück:
Wahlweise Kaffee, Tee oder Kräutertee mit Süßstoff gesüßt
1 Scheibe Vollkornknäckebrot mit dünnem Margarineaufstrich
1 TL Fruchtaufstrich nach Ihrer Wahl
1 Magerjoghurt mit 2 EL Fruchtsaft glattrühren.
1 TL Rosinen, 2 EL Vollkornflocken/geschrotetes Weizenkorn hinzugeben. 1 geschälte Karambola kleinschneiden und unter die Müslimischung heben.

1. Zwischenmahlzeit:
½ Karambola

Mini-Mittag:
1 Tasse Steinpilzsuppe (Fertigprodukt)
2 dünne Scheiben mageren, fettarmen Schnittkäse mit etwas Paprika bestäuben.
1 Tomate geviertelt und leicht gesalzen
1 Scheibe Vollkornknäckebrot mit dünnem Margarineaufstrich

2. Zwischenmahlzeit:
½ Karambola

Ich wiege heute:

Abendessen:
Russisches Steak
Rezept für 1 Person
100 g mageres Rumpsteak in der Pfanne nach Belieben braten, warmstellen. In der Pfanne 1 fein gehackte Zwiebel goldgelb werden lassen.
½ Glas Rote Bete gut abtropfen und in kleine Würfel schneiden. 1 Gewürzgurke abtropfen und in kleine Würfel schneiden. Beides zu den Zwiebeln in die Garzone der Pfanne geben und mitschwitzen. Dann 1 TL Kapern dazugeben, kurz heiß werden lassen und das ganze mit 1 Tasse fertiger Bratensauce angießen. Mit ein paar Tropfen Weinbrand und flüssiger Speisewürze abschmecken und kurz einkochen lassen. Das Fleisch von der Heißhaltezone in die Sauce geben, nur einmal aufkochen und zum Schluß 2 cl Crème fraiche einrühren.
Dazu: 1 Portion Kartoffelpüree

Betthupferl:
½ Karambola

Gesamt Kcal:	1.037
Gesamt Kj:	4.345

2. TAG

Frühstück:
Wahlweise Kaffee, Tee oder Kräutertee mit Süßstoff gesüßt
1 Scheibe Vollkornbrot mit dünnem Margarineaufstrich
1 Ecke Schmelzkäse (40 % Fett)
2 Tomaten geviertelt, leicht gesalzen

1. Zwischenmahlzeit:
½ Karambola

Mini-Mittag:
100 g mageren, kalten Schweinebraten mit Senf oder Meerrettich
1 kleines Glas Senfgurken
1 Scheibe Vollkornbrot mit dünnem Margarineaufstrich

2. Zwischenmahlzeit:
½ Karambola

Ich wiege heute:

Abendessen:
Schottentoast
Rezept für 1 Person
½ Zwiebel und ½ Paprikaschote sowie 1 hartgekochtes Ei fein hacken, mit 1 EL Sardellenpaste, 1 TL Senf und 1 EL Tomatenketchup anmachen. Auf eine Scheibe Vollkornknäckebrot streichen, mit 1 Scheibe Deutschem Gouda bedecken und im Ofen überbacken.
Dazu 1 kleine Schale gemischten Salat mit Essig/Öl-Dressing

Betthupferl:
½ Karambola

Gesamt Kcal:	977
Gesamt Kj:	4.093

3. TAG

Frühstück:
Wahlweise Kaffee, Tee oder Kräutertee mit Süßstoff gesüßt
1 Scheibe Vollkornbrot mit dünnem Margarineaufstrich
2 dünne Scheiben fettarme Fleischwurst
1 Gewürzgurke
½ Schale Kräuterquark

1. Zwischenmahlzeit:
½ Karambola

Mini-Mittag:
100 g rohes Sauerkraut mit dem Saft ½ Zitrone und 1 TL Zucker anmachen. Mit ½ Glas Sekt spritzig machen. 1 Scheibe Vollkornbrot mit dünnem Margarineaufstrich
2 Scheiben Corned Beef

2. Zwischenmahlzeit:
½ Karambola

Ich wiege heute:

Abendessen:
Vollkornnudeln mit Tomatensauce
Rezept für 1 Person
40 g Vollkornnudeln in leicht gesalzenem Wasser al dente kochen. 1 Knoblauchzehe schälen, in Scheiben schneiden, mit 1 TL Jodsalz zerreiben und mit 1 feingeschnittenen Zwiebel in wenig Margarine glasig schwitzen. ½ Knolle Sellerie und 2 Karotten schälen, fein würfeln, mit 1 TL Provencekräuter zu den Zwiebeln geben. 1 kleine Dose geschälte Tomaten dazugeben und alles zu einer sämigen Tomatensauce einkochen lassen. Mit Süßstoff, Pfeffer aus der Mühle, 1 Prise Jodsalz und frischer Muskatnuß abschmecken, über die Nudeln geben.

Betthupferl:
½ Karambola

Gesamt Kcal: 1.013
Gesamt Kj: 4.244

4. TAG

Frühstück:
Wahlweise Kaffee, Tee oder Kräutertee mit etwas Zucker oder Süßstoff gesüßt.
1 Scheibe Vollkornbrot mit dünnem Margarineaufstrich
½ Schale Hüttenkäse
je 1 TL Schnittlauch und 1 TL Petersilie
1 Bund Radieschen

1. Zwischenmahlzeit:
½ Karambola

Mini-Mittag:
1 Tasse Kartoffelsuppe (Fertigprodukt)
1 Portion Rote Grütze (Fertigprodukt)
2 Vollkornkekse

2. Zwischenmahlzeit:
½ Karambola

Ich wiege heute:

Abendessen:
Orangenschnitzel
Rezept für 1 Person
1 Hähnchenschnitzel mit maximal 150 g Gewicht auftauen. Unter fließendem Wasser abwaschen, trockentupfen und leicht salzen, pfeffern und in der Pfanne anbraten. Von beiden Seiten Farbe nehmen lassen. Anschließend auf die Heißhaltezone der Pfanne schieben. 1 kleine Zwiebel schälen, fein hacken, ½ Stange Lauch waschen, in kleine Würfel schneiden. Beides zusammen in der Garzone der Pfanne anschwitzen und einige Minuten dünsten. In der Zwischenzeit 1 Orange schälen, in Spalten aufteilen und in kleine Würfel schneiden und zu den übrigen Zutaten in die Pfanne geben. Mit ½ Tasse fertiger Fleischbrühe, etwas Salz, etwas weißem Pfeffer, Muskat und einigen Tropfen flüssiger Speisewürze sowie einigen Tropfen Orangenlikör und Weinbrand abschmecken, einige Minuten stark einkochen und mit 1 TL angerührter Speisestärke binden. Das Hähnchenschnitzel in der Sauce noch einmal aufkochen.
Dazu: 1 Portion Instant-Kartoffelpüree

Betthupferl:
½ Karambola

Gesamt Kcal: 1.065
Gesamt Kj: 4.462

5. TAG

Frühstück:

Wahlweise Kaffee, Tee oder Kräutertee mit Süßstoff gesüßt
1 Scheibe Vollkornbrot mit dünnem Margarineaufstrich
2 dünne Scheiben Geflügelaufschnitt
½ Salatgurke gewaschen, geviertelt, in feine Scheiben geschnitten und leicht gesalzen.

1. Zwischenmahlzeit:

½ Karambola

Mini-Mittag:

1 Portion Pellkartoffeln
½ Schale Kräuterquark
2 Tomaten geviertelt und leicht gesalzen

2. Zwischenmahlzeit:

½ Karambola

Ich wiege heute:

Abendessen:
Fischtopf

Rezept für 1 Person
150 g Fischfilet leicht salzen, mit Zitronensaft beträufeln und zerpflücken. 1 Zwiebel und 1 Tomate (ohne Schale) würfeln und in zerlassener Margarine schmoren. Den Fisch zufügen und ⅛ l Hühnerbrühe beigießen. Das Gericht im geschlossenen Topf bei schwacher Hitze etwa 15 Minuten garziehen lassen. Mit etwas Zitronensaft, Salz, Pfeffer und einer zerdrückten Knoblauchzehe abschmecken. Soweit erforderlich, mit einem Diät-Bindemittel eindicken.
Dazu: 1 Portion Salzkartoffeln

Betthupferl:

½ Karambola

Gesamt Kcal:	1.072
Gesamt Kj:	4.492

Küchentips

Wer Fleisch ohne bestimmte Zubereitungsanleitung „nature“ grillen will, kann trotzdem Aroma übertragen, indem er Frischkräuter auf die Glut legt. Der aufsteigende Kräuterrauch würzt das Fleisch. Frische Kräuter kann man dazu reichlich verwenden. Getrocknete Kräuter nur dosiert einsetzen.

Lorbeerblätter enthalten ätherische Öle und Bitterstoffe, die den hervorragenden Geschmack prägen. Wenn man sie beim Grillen auf den Spieß steckt, fangen sie an zu glimmen und übertragen ihr Aroma durch den beißenden Rauch auf das Grillgut. Steckt man dann noch Paprikaschoten dazwischen, die das Grillgut und damit auch die Lorbeerblätter durch Verdunsten der Eigenflüssigkeit befeuchten, erhält man ein optimales Grillergebnis.

Frischer Spinat sollte wirklich sehr frisch sein, denn er verliert stündlich an Vitamin C und auch an Aroma. Deswegen Spinat nur für den Tagesbedarf kaufen und auch nur, wenn er keine gelben, welken Blätter hat. Hervorragend eignet sich auch Tiefkühlspinat, der jedoch nur noch kurz gegart werden muß, da er vor dem Einfrieren schon blanchiert wurde.

Matjes sollte vor dem Verzehr gewässert werden, damit sich der Salzgeschmack etwas milder gestaltet. Am besten wässert man ihn zu gleichen Teilen in frischer Buttermilch und kohlensäurehaltigem Mineralwasser.

Das besondere Rezept

Karambola al forno

Rezept für 4 Personen

Das braucht man:

2 frische Karambola
1 EL Margarine
1 Ei
35 g Pistazienkerne
35 g Pinienkerne
35 g Mandeln
35 g Haselnüsse
2–3 Tropfen Rumaroma
2–3 Tropfen Mandelaroma
1 Vanilleschote
½ Becher Schlagsahne

1 Auflaufform
etwas Margarine zum Ausfetten

So macht man's:

1. Karambola waschen, quer in fingerdicke Scheiben schneiden.
2. In einer Auflaufform die Margarine zergehen lassen und die Karambolascheiben nebeneinander einsetzen.
3. Ei mit dem Handrührgerät cremig schlagen
4. Kerne hacken, Nüsse mahlen, ⅔ der Kerne mit den Nüssen, dem Rumaroma, dem Mandelaroma, dem ausgekratzten Vanillemark und der Eimasse mischen.
5. Sahne steif schlagen und unter die Ei-Nußmasse heben.
6. Die Nußsahne gleichmäßig auf die Karambolascheiben verteilen, im vorgeheizten Backofen bei 180 Grad circa 10 Minuten backen.
7. Mit den restlichen Kernen bestreuen und servieren.

Das Mehrwertrezept

Pizza mit Spinat und Staudensellerie

Rezept für 4 Personen

Das braucht man:

200 g Vollkornmehl
1 Paket Hefe
½ Tasse Milch
1 Prise Zucker
1 Prise Jodsalz, 1 Ei
3 EL Olivenöl
circa ⅛ l kaltes Wasser
2 Zwiebeln
2 Knoblauchzehen, 1 Prise Jodsalz
500 g Tiefkühl-Spinat
1 Msp Muskatnuß, Pfeffer aus der Mühle
1 kleinen Staudensellerie
1 Msp Curry
1 Paket Tomatenpüree mit Tomatenstücken
je 1 TL Oregano und Thymian
1 Stück Mozzarella Käse
50 g geriebenen Parmesan

So macht man's:

1. Aus Vollkornmehl, Hefe, Milch, Zucker, Salz, Ei, Olivenöl und Wasser einen Hefeteig herstellen.
2. Zwiebel fein würfeln, Knoblauch schälen, grob schneiden, mit Salz zerreiben und mit der Hälfte der Zwiebeln in wenig Margarine glasig dünsten, den aufgetauten Spinat hinzugeben, mit Muskat und Pfeffer würzen.
3. Staudensellerie putzen, waschen, in kleine Stücke schneiden, mit den restlichen Zwiebelwürfeln in Margarine garen, mit Curry, Pfeffer und Salz würzen.
4. Den Teig ausrollen, auf einem gefetteten Backblech ausbreiten, mehrmals mit einer Gabel einstechen.
5. Das Tomatenpüree gleichmäßig darauf verteilen, mit Oregano und Thymian bestreuen.
6. Den Mozzarellakäse würfeln, zusammen mit den Staudenselleriestücken und dem Spinat auf die Pizza geben und mit Parmesan bestreuen.
7. Im vorgeheizten Ofen bei ca. 160 Grad 30–40 Minuten backen, heiß servieren.

Außenseiter in der Küche

Grünkohlauflauf

Rezept für 4 Personen

Das braucht man:

500 g Grünkohl (TK)
2 Zwiebeln
2 EL Margarine
2 Äpfel
8 mittlere Kartoffeln
circa 1/8 l Milch
1 Prise Jodsalz
Pfeffer aus der Mühle
Muskatnuß
1 EL Margarine
100 g geriebenen Emmentaler

1 Auflaufform
Margarine zum Ausfetten

So macht man's:

1. Grünkohl auftauen lassen.
2. Zwiebeln schälen, halbieren, in feine Scheiben schneiden, in wenig Margarine glasig schwitzen.
3. Äpfel waschen, vierteln, entkernen, feinblättrig schneiden und mit den Zwiebeln zusammen andünsten.
4. Kartoffeln schälen, vierteln, garen, mit Milch zu einem Püree rühren, mit Salz, Pfeffer und Muskatnuß abschmecken.
5. Grünkohl in wenig Margarine anschwitzen und ebenfalls mit Salz, Pfeffer und Muskatnuß abschmecken.
6. Eine Auflaufform ausfetten, 1/3 des Kartoffelpürees einfüllen, jeweils die Hälfte des Apfel-, Zwiebel und des Grünkohlgemüses auflegen. Diesen Vorgang einmal komplett wiederholen.
7. Auflauf mit dem restlichen Püree abdecken, dann mit Käse bestreuen und schließlich bei 180 Grad circa 1/4 Stunde in der Oberschiene des vorgeheizten Backofens überbacken.

Die 5-Tage-Blitzdiät: Papayadiät

Papayas sind sehr empfindlich und verderben leicht. Nach der Ernte reifen sie nach und bekommen mit dieser Reife ihr volles Aroma.

Den Reifegrad der grünen Früchte erkennt man daran, wenn die glatte Lederhaut an einigen Stellen leicht gelblich wird. Außerdem muß sie auf Fingerdruck nachgeben. Zum Reifen legt man Papayas nicht in den Kühlschrank, sondern läßt sie bei Zimmertemperatur in einem möglichst trockenen Raum nachreifen.

Das Fruchtfleisch sollte orangefarben und butterweich sein. Außerdem sollte es einen Duft wie weiche Aprikosen haben.

Der gesundheitliche Wert von Papayas ist absolut beachtenswert und sie sollten während ihrer Saison öfters aus den folgenden Gründen auf den Tisch des Hauses kommen:

- 100 g Papaya enthalten nur ganze 37 Kalorien, was wiederum für eine schnelle Gewichtsabnahme spricht.
- Der Gehalt an Vitamin A ist überdurchschnittlich. Mit dieser Frucht läßt sich der Tagesbedarf an diesem Vitamin gut decken.
- Außer dem Vitamin A enthält die Papaya auch noch andere Vitamine und auch das Vitamin C
- Der wichtigste Mineralstoff in der Papaya ist das Calcium, das für die Stabilität unseres Knochenbaus verantwortlich zeichnet.
- Besonders wichtig ist das Enzym Papain, das in der Papaya reichlich enthalten ist. Mit diesem Verdauungsenzym wird das tierische Eiweiß besser im Körper verarbeitet und der Eiweißstoffwechsel deutlich entlastet.
- Dem Fruchtfleisch der Papaya fehlt Fruchtsäure, deshalb schmeckt sie sehr süß, manchmal sogar recht fade. Deswegen ist es wichtig, das Papayafleisch vor dem Verzehr mit etwas Zitronensaft zu beträufeln.

1. TAG

Frühstück:
Wahlweise Kaffee, Tee oder Kräutertee mit Süßstoff gesüßt
1 Scheibe Vollkornbrot mit dünnem Margarineaufstrich
1 TL Blütenhonig
1 kalorienreduzierten Fruchtjoghurt

1. Zwischenmahlzeit:
1/4 Papaya

Mini-Mittag:
1 geräuchertes Forellenfilet
1 TL Meerrettich
1 Scheibe Vollkorntoast mit dünnem Margarineaufstrich

2. Zwischenmahlzeit:
1/2 Papaya

Ich wiege heute:

Abendessen:
Sherry-Fisch
Rezept für 1 Person
Aus 1 TL zerlassener Margarine, einer mit wenig Salz zerdrückten Knoblauchzehe, etwas Pfeffer, 1 EL Obstessig, 1 EL Sojasauce, 2 EL Sherry (trocken), 1 EL Zitronensaft und etwas flüssigem Süßstoff eine Marinade rühren. 150 g Rotbarschfilet in dieser Sauce 5 Minuten marinieren, den Fisch abtropfen lassen und in einer beschichteten Pfanne mit 1 TL Öl bei mittlerer Hitze goldbraun braten.
Zwischendurch den Fisch ab und zu erneut mit der Marinade bestreichen.
Dazu: 1 Portion körnig gekochten Naturreis

Betthupferl:
1/4 Papaya

Gesamt Kcal:	1.017
Gesamt Kj:	4.261

2. TAG

Frühstück:
Wahlweise Kaffee, Tee oder Kräutertee mit Süßstoff gesüßt
2 Scheiben Diätleberwurst
1 Apfel

1. Zwischenmahlzeit:
1/4 Papaya

Mini-Mittag:
1 große Schüssel gemischten Blattsalat mit leichtem Dressing (Fertigprodukt)
1 Scheibe Vollkornbrot mit dünnem Margarineaufstrich

2. Zwischenmahlzeit:
1/2 Papaya

Ich wiege heute:

Abendessen:
Schwäbischer Kartoffelauflauf
Rezept für 1 Person
200 g gekochte Kartoffeln in Scheiben schneiden und in eine kleine feuerfeste Form schichten. 100 g Champignons in Scheiben schneiden und mit 50 g magerem Beefsteakhack in einer beschichteten Pfanne fettlos anbraten. Fleisch mit Champignons und eine gewürfelte Tomate über die Kartoffelscheiben geben, mit 1/8 l Fleischbrühe auffüllen, die zuvor mit einem Ei verquirlt und mit Salz und Pfeffer gewürzt wurde. Den Kartoffelauflauf mit etwas Parmesan und gehackter Petersilie bestreuen und im vorgeheizten Backofen (circa 200 Grad) etwa 20 Minuten backen. Dazu aus 150 g Wachsböhnchen (Konserve) einen Bohnensalat mit 1 TL Öl, 1 EL Essig, gehackter Petersilie, Salz und weißem Pfeffer anrichten.

Betthupferl:
1/4 Papaya

Gesamt Kcal:	1.087
Gesamt Kj:	4.554

3. TAG

Frühstück:
Wahlweise Kaffee, Tee oder Kräutertee mit Süßstoff gesüßt
1 Scheibe Vollkornbrot mit dünnem Margarineaufstrich
1 dünne Scheibe fettarmen Schnittkäse
2 Tomaten gewaschen, geviertelt, leicht gesalzen

1. Zwischenmahlzeit:
1/4 Papaya

Mini-Mittag:
100 g Puten- oder Geflügelschinken
1 Glas Mixed Pickles
1 Scheibe Vollkornknäckebrot mit dünnem Margarineaufstrich

2. Zwischenmahlzeit:
1/2 Papaya

Ich wiege heute:

Abendessen:
Champignonauflauf
Rezept für 1 Person
100 g Champignons waschen, putzen, in feine Scheiben schneiden, mit Zitronensaft beträufeln. 3 Pellkartoffeln schälen, in feine Scheiben schneiden, 1/2 rote und 1/2 grüne Paprikaschote waschen, halbieren, in Streifen schneiden.
1 Zwiebel schälen, halbieren, in Scheiben schneiden, in wenig Margarine mit dem Paprika glasig schwitzen. Champignons hinzugeben, leicht salzen und pfeffern, mitdünsten. Die Kartoffelscheiben gesondert anbraten und zu dem Gemüse geben und alles zusammen in eine feuerfeste Form füllen. 1 Ei mit 1 EL Parmesankäse vermischen, über das Gemüse verteilen und überbacken.

Betthupferl:
1/4 Papaya

Gesamt Kcal:	1.032
Gesamt Kj:	4.324

4. TAG

Frühstück:
Wahlweise Kaffee, Tee oder Kräutertee mit Süßstoff gesüßt
1 Scheibe Vollkornknäckebrot mit dünnem Margarineaufstrich
1 TL Honig
1 Magerjoghurt mit 2 EL Fruchtsaft glattrühren. 1 TL Rosinen, 2 EL Vollkornflocken/geschrotetes Weizenkorn hinzugeben. 1/4 Papaya kleinschneiden und unter die Müslimischung geben.

1. Zwischenmahlzeit:
1/4 Papaya

Mini-Mittag:
1/2 Schale Früchtequark
1/4 Papaya
1 Scheibe Vollkorntoast

2. Zwischenmahlzeit:
1/4 Papaya

Ich wiege heute:

Abendessen:
Chinakohlsalat
Rezept für 1 Person
Aus einem Kopf Salat, einer Tomate, einer Salatgurke, einem Bund Radieschen und einer kleinen Staude Chinakohl einen Salat anrichten. Dazu eine Salatsauce aus 1 Becher Magerjoghurt, 2 EL Essig, 1 EL pikantem Senf, 1 EL Zitronensaft, einem Schuß Weinbrand, gehackter Petersilie, etwas Salz und weißem Pfeffer zubereiten. In den fertigen Salat 50 g gekochte Eiernudeln unterheben. Dazu eine halbe Scheibe Vollkornbrot mit dünnem Margarineaufstrich.

Betthupferl:
1/4 Papaya

Gesamt Kcal:	1.021
Gesamt Kj:	4.278

5. TAG

Frühstück:

Wahlweise Kaffee, Tee oder Kräutertee mit Süßstoff gesüßt
1 Scheibe Vollkornbrot mit dünnem Margarineaufstrich
½ Becher Frischkäse mit Pfeffer aus der Mühle und feingeschnittenem Schnittlauch angemacht.
1 Bund frische Radieschen

1. Zwischenmahlzeit:

¼ Papaya

Mini-Mittag:

1 Schale rohes Sauerkraut
3 dünne Scheiben gepökelte Ochsenzunge
1 Scheibe Vollkornknäckebrot mit dünnem Margarineaufstrich

Ich wiege heute:

Abendessen:
Kartoffelkrapfen

Rezept für 1 Person
200 g warme Pellkartoffeln ohne Schale pürieren, mit 1 EL Speisestärke und 2 Eigelb vermengen. 1 kleine Zwiebel würfeln und eine Scheibe mageren gekochten Schinken in Stückchen schneiden. Beides mit 1 TL Öl glasig dünsten und dann mit der Kartoffelmasse vermischen, mit etwas Salz, Pfeffer, Majoran und Muskat würzen. Aus dem Kartoffelbrei zwei flache Bällchen formen und in einer Pfanne mit ganz wenig Fett braten. Mit frischem Schnittlauch bestreuen.
Dazu: 1 Schale grünen Salat mit Essig/Öl-Dressing

Betthupferl:

¼ Papaya

Gesamt Kcal:	1.090
Gesamt Kj:	4.567

Küchentips

Beim Einkauf von Himbeeren ist Vorsicht geboten. Denn oftmals sind die Himbeeren, die oben liegen einwandfrei, doch die untere Schicht ist schon verdorben. Deshalb sollte man stets das Schälchen auch von unten begutachten. Leckt es, sind die Himbeeren faul.

In vielen Rezepten ist durchwachsener Speck als aromatische Zutat angegeben. Wollen Sie Kalorien einsparen, kann anstatt Speck in vielen Rezepten auch magerer roher Schinken oder Kasseler verwendet werden.

Verwendet man Nudeln als Zutat zu einem kombinierten Salat, dann überbraust man sie erst heiß, dann kalt, läßt sie gut abtropfen und breitet sie auf einem sauberen Geschirrtuch zum Trocknen aus. Das ist wichtig, weil bei nassen Nudeln das Dressing „wegläuft“ und manchmal gerinnt.

Will man Reis ganz körnig und trocken haben, schüttet man den schon gegarten Reis auf ein sauberes Backblech, schiebt ihn bei 150 Grad – beim Gasherd die Stufe 1 – in das Bratrohr und läßt ihn einige Minuten trocknen.
Als Beilage rechnet man pro Person ½ Tasse rohen Reis.

Wenn man Kartoffeln in der Schale gart, sollte man neben Salz auch Kümmel, Petersilienwurzeln, Selleriekraut oder Sellerieschale dazugeben. Etwas Zucker erhält das Vitamin C. Vor dem Garen sollte man die Kartoffeln mit einer Gabel kurz anstechen, sonst platzen sie.

Das besondere Rezept

Gebackene Papayas

Rezept für 4 Personen

Das braucht man:

2 Papayas
1 Bund Schnittlauch
1 Bund glatte Petersilie
1 Rosmarinzweig
1 Knoblauchzehe
100 g gekochten Schinken
1 Becher Frischkäse
1 Ei
1 Prise Jodsalz
Pfeffer aus der Mühle
2 EL Vollkornsemmelbrösel
1 EL frisch geriebenen Parmesan

So macht man's:

1. Papayas schälen, halbieren, Kerne auskratzen und in wenig Wasser zugedeckt circa 3 Minuten leicht garen.
2. Schnittlauch waschen, verlesen und in feine Röllchen schneiden.
3. Petersilie waschen, verlesen und hacken.
4. Rosmarin waschen, abzupfen und mit ½ TL Margarine fein hacken.
5. Schinken in feine Würfel schneiden, mit Frischkäse, Ei und Kräutern vermischen, mit Salz und Pfeffer aus der Mühle würzen.
6. Papayafruchthälften mit der Öffnung nach oben in eine feuerfeste Form setzen, mit Bröseln bestreuen. Käsemasse einfüllen und zuletzt den frisch geriebenen Parmesan über den gefüllten Papayafruchthälften verteilen.
7. Im vorgeheizten Backofen bei 180 Grad circa 15 Minuten goldgelb überbacken.

Das Mehrwertrezept

Rosenkohlkuchen

Rezept für 4 Personen

Das braucht man:

Für den Boden:
270 g Vollkornmehl
150 g Margarine
1 TL Jodsalz
1 Eigelb

Für den Belag:
500 g Rosenkohl
½ Knolle Sellerie
1 Zwiebel
2 EL Margarine

Für die Sauce:
100 g geriebene Mandeln
⅛ l Milch
2 Eigelb
1 Ei
1 cl Amaretto oder Mandelaroma

So macht man's:

1. Mehl auf die Arbeitsplatte geben, eine kleine Mulde bilden, Margarine teelöffelweise auf dem Mehl verteilen. Salz und Eigelb in die Mulde geben.
2. Alle Zutaten zu einem geschmeidigen Mürbteig verarbeiten. Gut 1 Stunde ruhen lassen.
3. Den Teig auf Größe einer Springform ausrollen, in einer Springform auslegen, mit Alufolie bedecken, leicht beschweren und circa 20 Minuten anbacken.
4. Rosenkohl putzen, waschen und halbieren.
5. Sellerie schälen, erst in feine Scheiben, dann in Streifen schneiden.
6. Zwiebel schälen, würfeln und in wenig Margarine glasig schwitzen.
7. Das andere Gemüse zugeben, bißfest dünsten.
8. Mandeln fettfrei goldgelb rösten, mit Milch auffüllen, kurz aufkochen lassen.
9. Ei und Eigelb in einer kleinen Schüssel mit etwas Mandelmilch anrühren, wieder zur heißen Mandelmilch in den Topf geben, kurz binden, bis die Spuren des Schneebesens zu sehen sind, sofort von der Flamme nehmen und danach erkalten lassen. Mit Amaretto oder Mandelaroma abschmecken.
10. Das Gemüse auf dem vorgebackenen Boden verteilen, die Mandelsauce darüber geben und im vorgeheizten Backofen bei 180 Grad circa ½ Stunde goldgelb überbacken.

Außenseiter in der Küche

Rosinenbrot

Das braucht man:

¼ l Milch
2 Pakete Hefe (42 g)
2 EL Fruchtzucker
1 Prise Salz
400 g Weizenvollkornmehl
100 g Rosinen
100 g gehackte Haselnüsse
50 g Orangeat
50 g Citronat
40 g Margarine
2 EL Crème fraîche

So macht man's:

1. Milch handwarm werden lassen, Hefe, Zucker, Salz und 5 EL Mehl zugeben, mischen und an einer warmen Stelle zugedeckt circa 20 Minuten zu einem Vorteig gehen lassen, bis er Blasen schlägt.
2. Rosinen mit ½ Tasse heißem Wasser aufgießen, nach 15 Minuten zum Abtropfen auf ein Sieb schütten.
3. Orangeat und Citronat in kleine Würfel schneiden.
4. Das restliche Mehl, Orangeat, Citronat, mit Margarine, Crème fraîche, Rosinen, Haselnüssen mischen und den Vorteig zu einem Hefeteig kneten.
5. Den Teig circa 20–25 Minuten an einem warmen Ort zugedeckt gehen lassen.
6. Eine Kastenform ausfetten, mit Böseln ausstreuen.
7. Den Teig noch einmal kneten, in die Form füllen, nochmal zugedeckt gehen lassen und dann bei 180 Grad circa 50–60 Minuten backen.

Register